FOLIO JUNIOR

W0321307

John Boyne

Mon père est parti à la guerre

Traduit de l'anglais (Irlande)
par Catherine Gibert

GALLIMARD JEUNESSE

À mes parents

Titre original : *Stay Where You Are and then Leave*

Initialement publié en 2013 par Doubleday,
une filiale de Random House Children's Publishers UK, Grande-Bretagne.

© John Boyne, 2013, pour le texte
© Éditions Gallimard Jeunesse, 2014, pour la traduction française
© Éditions Gallimard Jeunesse, 2016, pour la présente édition

1

Expédiez-moi au loin avec le sourire

Chaque soir, avant de s'endormir, Alfie Summerfield s'efforçait de se remémorer à quoi ressemblait sa vie avant le début de la guerre. Plus le temps passait et plus il avait de mal à garder ses souvenirs intacts.

Les combats avaient commencé le 28 juillet 1914. Certains pourraient ne pas se rappeler cette date avec autant de précision, mais Alfie, lui, ne l'oublierait jamais. C'était le jour de son anniversaire. Il avait cinq ans et ses parents avaient organisé une petite fête en son honneur, mais seule une poignée de personnes avait répondu à l'invitation : mamie Summerfield, qui était restée dans son coin à sangloter dans son mouchoir en répétant à qui voulait l'entendre : « C'est la fin. Cette fois, c'est la fin », jusqu'à ce que Margie, la mère d'Alfie, la menace de la renvoyer chez elle si elle ne se reprenait pas ; le vieux Bill Hemperton, leur plus proche voisin, un Australien presque centenaire qui s'amusait à faire sortir et rentrer son dentier d'un coup de langue ; Kalena Janáček, la meilleure amie d'Alfie, qui habitait trois maisons plus loin, et son père, chaussé des souliers les plus brillants de Londres, qui tenait le magasin de bonbons au bout de la rue. Alfie avait convié la plupart de ses amis de Damley Road. Mais, ce matin-là, les mères avaient sonné les unes après les autres à la porte des Summerfield pour prévenir que le petit un tel ou un tel ne participerait pas à l'anniversaire.

– Ce n'est pas un jour à faire la fête, n'est-ce pas ? s'était exclamée Mme Smythe du numéro neuf, la mère de Henry Smythe, qui occupait le pupitre devant celui d'Alfie à l'école et faisait au moins dix pets puants par jour. Vous feriez mieux de tout annuler, avait-elle ajouté.

– Je n'annule rien du tout ! avait répondu Margie, la mère d'Alfie, en levant ses mains de rage au bout du cinquième désistement. Au contraire, il faut profiter au mieux de cette journée. Mais que vais-je faire de toutes ces victuailles si personne ne vient ?

Alfie l'avait suivie dans la cuisine. Sur la table étaient alignés bien proprement les sandwichs au corned-beef, le ragoût de tripes, les œufs au vinaigre, la langue froide et les anguilles en gelée, le tout recouvert de serviettes à thé pour éviter que les aliments ne se gâtent.

– Je peux les manger, avait dit Alfie, qui aimait se montrer serviable.

– Ha ! s'était écriée Margie. J'en suis sûre. Tu es un puits sans fond, Alfie Summerfield. Je ne sais pas où tu loges tout cela. Franchement, je l'ignore.

En rentrant pour déjeuner, Georgie, le père d'Alfie, semblait préoccupé. Contrairement à son habitude, il n'avait même pas fait sa toilette dans l'arrière-cour pour se débarrasser des odeurs de lait et de cheval. Il s'était précipité dans le salon pour lire le journal, puis il l'avait lentement replié et caché sous un des coussins du sofa avant d'entrer dans la cuisine.

– Tout va bien, Margie ? avait-il demandé en déposant un baiser sur la joue de sa femme.

– Tout va bien, Georgie.

– Tout va bien, Alfie ? avait-il répété en ébouriffant les cheveux de son fils.

– Tout va bien, papa.

– Bon anniversaire, fiston. Au fait, tu as quel âge ? Vingt-sept ans ?

– J'ai cinq ans, avait répliqué Alfie qui ne pouvait se représenter ce que cela faisait d'avoir vingt-sept ans, mais se sentait déjà très adulte du haut de ses cinq ans.

– Cinq ans, je vois, dit Georgie en se grattant le menton. J'ai bigrement l'impression de t'avoir vu dans le secteur depuis plus longtemps.

– Dehors ! Dehors ! avait crié Margie en agitant les mains pour les chasser dans le salon.

La mère d'Alfie disait toujours que rien ne l'agaçait autant qu'avoir ses deux hommes dans les pattes quand elle cuisinait. Georgie et Alfie ne se l'étaient pas fait dire deux fois. Ils s'étaient assis à la table près de la fenêtre et avaient entamé une partie de jeu de Serpents et échelles en attendant que les festivités commencent.

– Papa, avait dit Alfie.

– Oui, fiston.

– Comment va M. Asquith aujourd'hui ?

– Beaucoup mieux.

– Le vétérinaire est venu le voir ?

– Oui. Je ne sais pas ce que M. Asquith avait, mais il est guéri.

M. Asquith était le cheval de Georgie ou plutôt le cheval de la laiterie. Celui qui, tous les matins, tirait la citerne de la tournée du laitier. Alfie avait baptisé le cheval ainsi le premier jour où Georgie l'avait récupéré, un an auparavant. Il avait entendu ce nom très souvent à la TSF, en avait déduit qu'il appartenait à coup sûr à quelqu'un de très important et convenait donc parfaitement à un cheval.

– Lui as-tu donné une caresse de ma part, papa ?

– Oui, fiston.

Alfie avait souri. Il adorait M. Asquith. Il l'adorait.

– Papa, avait repris Alfie l'instant d'après.

– Oui, fiston ?

– Je peux venir travailler avec toi, demain ?

Georgie secoua la tête.

– Je regrette, Alfie. Tu es encore trop petit pour la citerne de lait. C'est plus dangereux que tu ne crois.

– Mais tu as dit que je pourrais quand je serais plus grand.

– Quand tu seras plus grand, tu pourras.

– Mais je suis plus grand ! avait insisté Alfie. Je pourrais aider nos voisins à remplir leur bidon à la citerne.

– Je ne veux pas risquer ma place, Alfie.

– Dans ce cas, je pourrais tenir compagnie à M. Asquith pendant que tu remplis les bidons.

– Je regrette, fiston, avait conclu Georgie, mais tu es encore trop petit.

Alfie avait soupiré. Son souhait le plus cher était de conduire la citerne avec son père et de l'aider à livrer le lait tous les matins, en donnant des morceaux de sucre à M. Asquith entre deux rues – même si cela impliquait de se lever au milieu de la nuit. À l'idée de sillonner la ville à une heure où tout le monde dormait, un frisson lui parcourait l'épine dorsale. Sans parler d'être le bras droit de son père ! Que rêver de mieux ? Alfie le lui avait demandé pas loin d'un millier de fois, mais chaque fois la réponse était la même : « Pas tout de suite, Alfie, tu es encore trop petit. »

– Tu te rappelles tes cinq ans ? avait demandé Alfie.

– Oui, fiston. C'est l'année où mon vieux est mort. Une année terrible.

– Comment est-il mort ?

– Au fond de la mine.

Alfie avait réfléchi à la question. Il ne connaissait qu'une autre personne décédée : la mère de Kalena, Mme Janáček, qui avait été emportée par la tuberculose. Alfie savait épeler ce mot : t-u-b-e-r-c-u-l-o-s-e.

– Que s'est-il passé ensuite ? avait-il demandé.

– Quand ?

– Quand ton papa est mort.

Georgie avait pris le temps de la réflexion, puis il avait haussé les épaules.

– Nous avons déménagé à Londres. Ta mamie Summerfield a dit que plus rien ne nous retenait à Newcastle ; que nous pourrions repartir de zéro en venant ici et que, dorénavant, j'étais l'homme de la maison.

Georgie avait tiré un cinq et un six, il avait atterri sur la case bleue du trente-sept et dégringolé le long d'un serpent jusqu'à la case blanche du dix-neuf.

– C'est bien ma veine ! s'était-il exclamé.

– Tu veilleras un peu ce soir ? avait demandé Alfie.

– Pour toi, je veillerai. C'est ton anniversaire, j'attendrai vingt et une heures pour aller au lit. Cela te va ?

Alfie avait souri. Georgie ne se couchait jamais après dix-neuf heures, car il se levait avant l'aube.

– J'ai besoin de mon compte de sommeil réparateur, disait-il toujours, ce qui faisait rire Margie ; après quoi il se tournait vers Alfie et ajoutait : Ta mère a accepté de m'épouser sur ma bonne mine. Si je n'ai pas mes heures de sommeil, j'ai des valises sous les yeux, je deviens blanc comme un linge et elle risque de se faire la belle avec le facteur.

– Je me suis fait la belle avec un laitier et je n'aurais pas dû, répondait toujours Margie, mais elle n'en pensait rien, car Georgie et elle échangeaient alors un regard et se souriaient.

Parfois, elle bâillait et décrétait qu'elle préférait se coucher tôt elle aussi, puis ils montaient sur-le-champ. Alfie devait alors en faire autant, ce qui lui prouvait une fois de plus que le bâillement était bel et bien contagieux.

Malgré la tournure décevante qu'avait prise sa fête d'anniversaire, Alfie ne voulait pas se vexer. Il savait que quelque chose était en train de se passer dans le monde réel, quelque chose dont tous les adultes parlaient mais qui, de toute façon, lui paraissait ennuyeux, ne l'intéressait pas. Les discussions duraient depuis des mois ; les adultes répétaient à l'envi qu'un événement d'une ampleur considérable se profilait à l'horizon, une catastrophe qui les toucherait tous. Parfois, Georgie annonçait à Margie le début imminent du fameux événement et lui expliquait que tout le monde devait se tenir prêt. Et quand Margie était trop chamboulée, il la rassurait, lui disait de ne pas se faire de bile, que tout cela s'arrangerait et que l'Europe était bien trop civilisée pour se lancer dans une bagarre dont personne ne pourrait sortir vainqueur.

Aux premiers moments de la fête d'anniversaire, chacun s'était efforcé de faire bonne figure en se comportant comme s'il s'agissait d'une journée comme les autres. On avait joué au jeu de la patate chaude en se plaçant en cercle pour se passer une pomme de terre brûlante. Perdait celui qui, le premier, la laissait tomber. Kalena avait remporté la partie. Vint ensuite un jeu de lancer de pièces organisé par le vieux Bill Hemperton, et cette fois Alfie récupéra trois quarts de penny. Puis mamie Summerfield avait distribué une pince à linge à chacun et posé une bouteille de lait vide par terre, au milieu du salon; le joueur qui parvenait à laisser tomber sa pince dans la bouteille en levant la main plus haut que les autres gagnait. Margie s'était montrée imbattable. Mais très vite, les adultes avaient cessé de parler aux enfants, pour, le visage grave, discuter entre eux, regroupés dans un coin, tandis qu'Alfie et Kalena tendaient l'oreille afin de surprendre leur conversation en tâchant de comprendre de quoi il retournait.

– Tu ferais mieux de t'enrôler avant d'être appelé, avait dit le vieux Bill Hemperton. Cela te facilitera les choses au bout du compte, crois-moi.

– Taisez-vous ! l'avait coupé mamie Summerfield, qui habitait au numéro onze, la maison en face de celle du vieux Bill, et ne s'entendait pas avec lui pour la bonne raison qu'il faisait tourner son Gramophone tous les matins, les fenêtres grandes ouvertes.

Mamie Summerfield était une petite femme rondouillette, à la chevelure toujours retenue par une résille, qui gardait les manches relevées, comme si elle s'apprêtait à aller travailler.

– Georgie ne s'enrôlera point ! s'était-elle écriée.

– Je n'aurai peut-être pas le choix, maman, avait répondu son fils en secouant la tête.

– Chut ! pas devant Alfie ! lui avait enjoint Margie en le tirant par le bras.

– Cela peut durer des années. J'aurais peut-être plus de chance en me portant volontaire.

– Non, tout sera terminé à Noël, était intervenu M. Janáček, dont les chaussures noires brillaient d'un tel éclat que tout le monde lui en avait fait compliment. C'est ce qu'on dit partout.

– Chut ! pas devant Alfie, s'était offensée Margie en haussant le ton.

– C'est la fin, cette fois, c'est la fin ! s'était lamentée mamie Summerfield en soufflant si bruyamment dans son énorme mouchoir qu'Alfie éclata de rire.

Margie, en revanche, n'avait pas trouvé cela drôle ; elle s'était précipitée hors de la pièce en pleurant, suivie de près par Georgie.

Plus de quatre ans s'étaient écoulés depuis cette fameuse journée, et pourtant Alfie ne cessait d'y repenser. À présent, il avait neuf ans et, depuis ce jour, jamais personne ne lui avait fêté son anniversaire. Le soir, avant de s'endormir, il mettait un point d'honneur à rassembler les souvenirs de sa famille avant qu'elle ne soit bouleversée. En se la remémorant telle qu'elle était auparavant, il se disait qu'un jour elle reprendrait sa forme initiale.

Georgie et Margie s'étaient mariés très vieux, Alfie le savait. Son père avait presque vingt et un ans et sa mère un an de moins. Alfie avait un mal fou à se projeter à vingt et un ans. Il supposait qu'à cet âge avancé on entendait et voyait mal. Il pensait que l'on ne pouvait pas s'extirper du fauteuil bancal devant l'âtre sans pousser un gémissement en soupirant : « Il est temps d'aller au lit. » À vingt et un ans, ce qui comptait par-dessus tout, c'était une bonne tasse de thé, une paire de pantoufles confortables et un gilet douillet. Parfois, en y réfléchissant, Alfie reconnaissait qu'un jour il aurait lui aussi vingt et un ans, mais cette échéance était trop éloignée pour qu'il puisse la concevoir. Il avait dressé la liste des années au crayon sur une feuille de papier et s'était rendu compte qu'il aurait vingt et un ans en 1930. 1930 ! C'était dans des siècles. Bon d'accord, peut-être pas des siècles, mais pour Alfie, si.

La fête d'anniversaire de ses cinq ans était un souvenir heureux et triste à la fois. Heureux parce qu'il avait reçu de fabuleux cadeaux : une boîte de dix-huit crayons de couleur et un carnet de croquis de la part de ses parents ; un *Robinson Crusoé* d'occasion, que lui avait offert M. Janáček, en précisant que le livre était difficile à lire pour le moment, mais qu'il ne le serait plus un jour ; un sachet de berlingots au citron, donné par Kalena. Certains cadeaux n'étaient pas folichons, mais Alfie s'en était moqué ; c'étaient une paire de chaussettes tricotées par mamie Summerfield et une carte d'Australie dont le vieux Bill Hemperton avait dit qu'elle lui serait bien utile le jour où Alfie déciderait de se rendre en Australie.

– Tu vois là ? lui avait demandé le vieux Bill en indiquant un point vers le haut de la carte, à l'endroit où le vert des bords devenait brun au centre. C'est ma ville, Mareeba. La plus jolie petite ville d'Australie, avec des fourmilières grosses comme des maisons. Si tu vas à Mareeba, Alfie, dis bien que c'est le vieux Bill Hemperton qui t'envoie et tu seras traité comme un prince. Je suis un héros là-bas, vu mes relations.

– Quelles relations ? avait demandé Alfie, mais le vieux Bill s'était contenté de lui faire un clin d'œil en secouant la tête.

Alfie n'avait pas su quoi faire de cette carte. Pourtant, l'un des jours suivants, il avait fini par la punaiser au mur de sa chambre et par mettre les chaussettes offertes par mamie Summerfield ; il s'était déjà servi de la plupart des crayons de couleur et de tout le carnet de croquis, avait essayé de lire *Robinson Crusoé* mais en avait bavé des ronds de chapeau (cependant, il avait rangé le livre sur son étagère pour le reprendre quand il serait grand), et il avait partagé les berlingots au citron avec Kalena.

C'étaient les bons souvenirs.

Mais il y avait aussi les mauvais car, ce jour-là, tout avait changé à Damley Road. Les hommes s'étaient regroupés dans la rue au coucher du soleil, en manches de chemise, pour parler de ce qu'ils appelaient « devoir » et « responsabilité », tout en jouant avec leurs bretelles, tirant sur leur cigarette par petites bouffées avant d'en pincer le bout et de ranger le mégot dans leur gousset pour plus tard. Ce même jour, Georgie s'était disputé avec son plus vieil ami, Joe Patience, qui vivait au numéro seize, en voulant peser le pour et le contre dans toute cette affaire. Joe et Georgie étaient amis depuis que Georgie et mamie Summerfield avaient emménagé dans Damley Road – d'après mamie Summerfield, Joe avait grandi dans sa cuisine – et n'avaient jamais échangé un mot de travers jusqu'à ce fameux après-midi. C'est le jour où Charlie Slipton, le petit vendeur de journaux du numéro vingt et un – qui avait lancé une fois un caillou à la tête d'Alfie sans raison –, avait descendu la rue six fois de suite avec la dernière édition du journal et vendu rapidement, sans le moindre effort, tous ses exemplaires. C'est ce jour-là qui avait vu la mère d'Alfie sangloter dans le fauteuil bancal devant l'âtre, comme si la fin du monde approchait.

– Arrête, Margie, avait dit Georgie en lui massant la nuque. Il n'y a pas de raison de pleurer, n'est-ce pas ? Rappelle-toi ce que tout le monde dit : tout sera terminé à Noël. Je serai de retour à temps pour t'aider à farcir la dinde.

– Et tu crois à ces sornettes ? s'était irritée Margie en le regardant les yeux rougis par les larmes. Tu crois à tout ce qu'on dit ?

– Que faire d'autre sinon y croire ? avait répondu Georgie. Nous devons croiser les doigts.

– Jure-moi, Georgie Summerfield, avait lancé Margie. Jure-moi que tu ne t'enrôleras pas !

Le silence s'était éternisé avant que le père d'Alfie ne reprenne la parole :

– Tu as entendu le vieux Bill, ma chérie ? Il se peut que cela me facilite les choses à long terme si je…

– Et moi ? Et Alfie ? Cela nous facilitera les choses ? Jure-moi, Georgie !

– Entendu, ma chérie. Attendons de voir ce qui se passe, n'est-ce pas ? Tous ces politiciens de malheur peuvent se réveiller demain matin en ayant changé d'avis du tout au tout. Nous nous faisons peut-être du mouron pour rien.

Alfie n'était pas censé espionner les conversations de ses parents – cela lui avait valu quelques ennuis une fois ou deux – mais, ce fameux soir, le soir de ses cinq ans, il s'était assis dans l'escalier, à un endroit où il ne pouvait pas être vu et, les yeux fixés sur ses doigts de pied, il avait écouté. Il n'avait pas prévu de s'attarder – il était descendu chercher un verre d'eau et un reste de langue qu'il convoitait – mais la conversation de ses parents semblait si grave qu'il aurait été bête de la rater. Alfie avait bâillé à s'en décrocher la mâchoire – après tout, la journée avait été longue, comme toutes les journées d'anniversaire –, il avait fermé les yeux, posé la tête sur la marche du dessus et, en moins de temps qu'il ne faut pour le dire, s'était retrouvé au cœur d'un rêve où quelqu'un le soulevait, puis le transportait dans un endroit chaud et confortable.

Tout à coup, il avait ouvert les yeux et constaté qu'il était allongé dans son petit lit, le soleil perçant à travers les rideaux légers – des rideaux à fleurs jaune pâle qui, d'après Alfie, convenaient mieux à une chambre de fille qu'à celle d'un garçon.

Le lendemain, Alfie était descendu à la cuisine et avait trouvé sa mère en tenue de lessive, les cheveux relevés en chignon haut, en train de faire bouillir de l'eau dans toutes sortes de récipients. Elle paraissait aussi triste que la veille au soir, mais sans la mine contrariée qu'elle avait de sept heures du matin à sept heures du soir les jours de lessive. Margie avait levé les yeux à l'arrivée d'Alfie, en semblant ne pas le reconnaître. Puis elle lui avait accordé un pâle sourire.

– Alfie, avait-elle dit. J'ai préféré te laisser dormir. Tu as eu une grosse journée hier. Apporte-moi tes chemises, tu seras gentil.

– Où est papa ? avait-il demandé.

– Il est sorti.

– Pour aller où ?

– Je n'en sais rien, avait répondu Margie, incapable de regarder Alfie dans les yeux. Tu sais bien que ton père ne me raconte pas tout.

Ce qui était faux, car, tous les après-midi, en rentrant de la laiterie, il lui racontait sa journée par le menu. Et ils riaient ensemble quand Georgie expliquait que Bonzo Daly avait laissé une demi-douzaine de bidons dans sa cour, sans couvercle, et que les oiseaux avaient gâté son lait ; ou que Petey Staples s'était montré insolent avec le patron, qui lui avait vertement répliqué que, s'il continuait à se plaindre, il pourrait se trouver un autre travail, où l'on supporterait ce genre de bêtises ; ou que M. Asquith avait laissé le crottin du siècle devant la maison de Mme Fairfax, au numéro quatre, elle qui prétendait descendre en ligne directe du dernier roi d'Angleterre de la famille des Plantagenêts et mériter mieux que Damley Road.

Si Alfie était sûr d'une chose concernant son père, c'est qu'il ne cachait rien à sa mère.

Une heure plus tard, il était au salon, en train de dessiner sur son nouveau carnet de croquis ; Margie faisait une pause, et mamie Summerfield, venue officiellement partager les derniers potins – alors qu'en fait elle apportait ses draps à laver à Margie –, louchait sur le journal en ne cessant de se plaindre de la petitesse des caractères d'imprimerie.

– Je ne peux pas lire, Margie, avait-elle dit. Ils veulent nous rendre aveugles ? C'est un complot ?

– Tu crois que papa me prendra avec lui demain ? avait demandé Alfie.

– Lui as-tu demandé ?

– Oui, il a dit que je devais attendre d'être plus grand.

– Tu vois bien, avait commenté Margie.

– Mais demain, je serai plus grand qu'aujourd'hui.

Avant que Margie ait eu le temps de lui répondre, la porte de la maison s'était ouverte et, au grand étonnement d'Alfie, un soldat était entré. Il était grand et bien bâti, de la même taille et de la même carrure que son père, mais avait un air penaud en regardant dans le salon. Alfie ne pouvait s'empêcher d'être impressionné par l'uniforme : une capote kaki fermée par cinq boutons cuivrés, deux baudriers, un pantalon rentré dans des bandes molletières et de gros brodequins noirs. Mais comment se faisait-il qu'un soldat soit entré chez eux ? s'était-il demandé. Il n'avait même pas frappé à la porte ! C'est alors que le soldat avait retiré son képi et l'avait glissé sous son bras. Alfie s'était rendu compte qu'il ne s'agissait pas du premier soldat venu ni même d'un étranger.

C'était Georgie Summerfield.

Son père.

Margie avait laissé tomber son tricot par terre, porté les mains à sa bouche, où elle les avait laissées quelques instants, puis était sortie de la pièce en courant et était montée au premier étage. Georgie s'était tourné vers son fils et sa mère, et il avait haussé les épaules.

– Il le fallait, avait-il dit. C'est évident, n'est-ce pas, maman ? Il le fallait.

– C'est la fin, avait déclaré mamie Summerfield en reposant son journal. (Et elle s'était détournée de son fils pour regarder par la fenêtre d'autres jeunes gens rentrer chez eux dans le même uniforme que celui de Georgie.) Cette fois, c'est la fin.

C'était tout ce qu'Alfie se rappelait de ses cinq ans.

2

Si tu étais le seul boche dans la tranchée

Quand Alfie avait volé la boîte à cirage, les Janáček étaient déjà partis depuis presque deux ans.

D'aussi loin qu'il s'en souvienne, les Janáček avaient vécu à trois maisons de celle des Summerfield. Kalena, de six semaines son aînée, était sa meilleure amie depuis leur plus jeune âge. Chaque fois qu'Alfie passait chez eux en fin de journée, il trouvait M. Janáček à la table de la cuisine, la boîte à cirage posée devant lui, appliqué à faire reluire ses chaussures en prévision du lendemain.

– Ma conviction est qu'un homme devrait toujours se présenter au monde avec grâce et élégance, disait-il à Alfie. C'est ce qui nous différencie des animaux.

Tous les habitants de Damley Road étaient amis, ou du moins l'étaient-ils avant que la guerre n'éclate. La rue était bordée de douze maisons mitoyennes de chaque côté, séparées les unes des autres par un mur qui laissait filtrer les conversations des voisins. Certaines maisons arboraient des jardinières aux fenêtres, d'autres non, mais tout le monde s'ingéniait à tenir la rue propre. Alfie et Kalena vivaient côté pair ; mamie Summerfield demeurait en face, côté impair, ce que Margie trouvait logique puisque mamie Summerfield était la reine des impairs. Donnait sur la rue la fenêtre du salon de chaque maison ainsi que deux autres au premier étage, et toutes les portes d'entrée étaient jaunes. Alfie se rappelait le jour où Joe Patience, l'objecteur qui habitait au numéro seize, avait peint sa porte en rouge. Les femmes habitant la rue étaient sorties pour le regarder en hochant la tête et en échangeant des commentaires outrés à voix basse. Joe Patience avait des convictions politiques – personne ne l'ignorait. Le vieux Bill disait de lui qu'il était « son propre maître », même si le sens de l'expression échappait à Alfie. Joe était plus souvent en grève qu'au travail et passait son temps à distribuer des tracts en faveur des droits des ouvriers. Il était partisan du vote des femmes, même si toutes ne partageaient pas son avis – mamie Summerfield prétendait qu'elle aurait préféré attraper la peste. Il possédait une vieille clarinette magnifique, dont il jouait parfois, assis devant chez lui ; ces jours-là, Helena Morris, du numéro dix-huit, sortait sur le pas de sa porte pour l'écouter, jusqu'au moment où sa mère venait la sommer d'arrêter de se donner en spectacle.

Alfie aimait bien Joe Patience et trouvait drôle que son nom de famille soit à l'opposé de son caractère, parce que Joe s'emportait toujours contre une chose ou une autre. Lorsque Joe avait repeint sa porte en rouge, trois hommes (M. Welton, du numéro cinq, M. Jones, du numéro dix-neuf, et Georgie Summerfield, le père d'Alfie) étaient venus le trouver pour discuter avec lui. Georgie y était allé à reculons mais les deux autres avaient insisté en prétextant qu'il était le plus vieil ami de Joe.

– Cela ne se fait pas, Joe, avait dit M. Jones tandis que toutes les femmes étaient sorties dans la rue pour soi-disant laver leurs vitres.

– Et pourquoi ?

– Regarde autour de toi. Tu vois bien que c'est déplacé.

– Le rouge est la couleur de l'ouvrier ! Et nous sommes tous des ouvriers, non ?

– Les portes de Damley Road sont jaunes ! s'était écrié M. Welton.

– Qui a dit qu'il fallait qu'elles soient jaunes ?

– C'est comme ça depuis toujours. On ne change pas les traditions.

– Dans ce cas, comment fait-on pour améliorer les choses ? avait demandé Joe en élevant la voix alors que les trois hommes se trouvaient devant lui. Bon sang ! Il ne s'agit que d'une porte ! On se moque de sa couleur !

– Joe a peut-être raison, était intervenu Georgie

pour calmer les esprits. Ça n'a pas grande importance, non ? Tant que la peinture ne s'écaille pas et que la rue n'en pâtit pas.

– J'aurais dû me douter que tu prendrais son parti, avait ricané M. Jones, celui qui, pourtant, avait trouvé judicieux de demander à Georgie de les accompagner. Les vieux copains se serrent les coudes, hein ?

– Oui, avait répondu Georgie en haussant les épaules, comme pour signifier que c'était là une chose on ne peut plus naturelle. Les vieux copains se serrent les coudes. Et alors ?

Pour finir, ni M. Welton ni M. Jones n'avaient pu convaincre Joe, et la porte était restée rouge jusqu'à l'été suivant, quand son locataire avait décidé de la peindre en vert, en signe de soutien aux Irlandais – qui, selon lui, se battaient comme des lions pour se libérer du joug impérial de leur suzerain. Le père d'Alfie avait dit à Joe en s'esclaffant qu'il pouvait gaspiller son argent en peinture si ça lui chantait, mais que ce n'était plus son affaire. Mamie Summerfield avait ajouté que, eût-elle été encore vivante, la mère de Joe serait morte de honte.

– Mais non, voyons, avait déclaré Margie. C'est un homme indépendant, voilà tout. C'est ce que j'apprécie chez lui.

– Ce n'est pas un mauvais bougre, avait renchéri Georgie.

– Il est son propre maître, avait répété le vieux Bill Hemperton.

– Il est plutôt joli garçon, malgré tout, avait enchaîné Margie. Helena Morris a le béguin pour lui.

– Elle devrait avoir honte, avait insisté mamie Summerfield.

Mais à part cela, les habitants de Damley Road s'entendaient très bien. Ils étaient voisins et amis. Et personne ne semblait mieux intégré que Kalena et son père.

M. Janáček tenait le magasin de bonbons du bout de la rue. En fait, il ne s'agissait pas seulement d'un magasin de bonbons, bien sûr : M. Janáček vendait aussi des journaux, de la ficelle, des carnets, des crayons, des cartes d'anniversaire, des pommes, des frondes, des ballons de football, des lacets, du cirage, du savon de Marseille, du thé, des tournevis, des porte-monnaie, des chausse-pieds et des ampoules – mais, comme pour Alfie le plus important c'étaient les bonbons, il appelait ce commerce le magasin de bonbons. Derrière le comptoir s'alignaient des rangées de bocaux en verre pleins à craquer de berlingots au citron, de bonbons acidulés à la poire et à la pomme, de bonbons mentholés, de bâtons de réglisse et de caramels. Et chaque fois qu'Alfie avait un penny ou deux à dépenser, il se précipitait chez M. Janáček, qui le laissait réfléchir à loisir avant de se décider.

– Parfois, Alfie, lui disait-il en se penchant pardessus le comptoir pour nettoyer ses lunettes, j'ai l'impression que tu prends plus de plaisir à choisir tes bonbons qu'à les manger.

M. Janáček avait un drôle d'accent, car il n'était pas anglais, mais praguois. Il était venu s'installer à Londres dix ans auparavant et n'avait jamais perdu son accent. Il prononçait les « v » comme des « b » et les « s » comme des « z ». Kalena parlait sans accent, parce qu'elle était née dans leur maison au numéro six et n'avait jamais quitté Londres de toute sa vie.

– Tu es la personne la plus chanceuse que je connaisse, lui avait dit un jour Alfie tandis qu'ils mangeaient des bonbons à la réglisse, assis au bord du trottoir, en regardant le charbonnier déverser un sac dans la cave de Mme Scutworth, au numéro quinze.

Le visage et les mains du charbonnier étaient noirs de suie, mais sans doute venait-il de relever ses manches, car ses avant-bras étaient très blancs.

– Pourquoi tu me dis ça ? avait demandé Kalena en croquant dans une pomme.

– Parce que ton père tient un magasin de bonbons, avait-il répondu comme s'il s'agissait d'une évidence. C'est le meilleur travail au monde. À part, peut-être, conduire la citerne de lait.

Kalena avait secoué la tête.

– Il en existe des tas d'autres bien mieux, avait-elle rétorqué. Il n'est pas question que je tienne un magasin de bonbons quand je serai grande.

– Qu'est-ce que tu feras alors ? avait demandé Alfie, soucieux.

– Je serai Premier ministre.

Alfie était resté sans voix, très impressionné. Le soir au dîner, il avait rapporté cette conversation à ses parents, qui avaient ri de bon cœur.

– Kalena Janáček ? Premier ministre ? avait répété Georgie en secouant la tête. J'aurai tout entendu. Passe-moi les carottes, ma chérie.

– Femme du Premier ministre plutôt, avait ajouté Margie en tendant le plat à son mari.

– Je voterai pour elle, avait dit Alfie pour défendre son amie.

Il était contrarié que ses parents se moquent d'elle.

– Tu seras bien le seul, avait dit Georgie. Elle ne pourra même pas voter pour elle. Alors, qu'elle imagine pouvoir décrocher le poste me dépasse ! Un peu molles, ces carottes, non ?

– Pourquoi ne peut-elle pas voter pour elle ? avait demandé Alfie.

– Les femmes n'ont pas le droit de vote, avait expliqué Margie en lui resservant du rôti et des pommes de terre. (C'était une époque où l'on pouvait manger du bœuf et des pommes de terre au dîner. Avant que la guerre n'éclate.)

– Et pourquoi ça ?

– Il en a toujours été ainsi.

– Mais pourquoi ?

– Parce que, avait répondu Margie. À présent, finis ton assiette, Alfie, et cesse de poser autant de questions. Et je précise que ces carottes sont délicieuses,

Georgie Summerfield ; alors je te conseille de les manger aussi. Je ne passe pas l'après-midi à cuisiner pour débarrasser des restes.

Alfie ne trouvait aucune de ces réponses satisfaisantes, mais il appréciait que Kalena soit ambitieuse. Plus tard, ce soir-là, dans son lit, il avait passé en revue tous les métiers qu'il pourrait exercer quand il serait grand : conducteur de train, policier, instituteur, pompier, livreur de lait avec son père ou receveur de bus comme M. Welton ou bien encore explorateur comme Ernest Shackleton, qui faisait la une des journaux ces derniers temps. Tous ces métiers étaient enviables – mais soudain il avait eu une illumination et avait failli sauter hors de son lit.

L'après-midi suivant, il s'était précipité au magasin de bonbons de M. Janáček et avait attendu que M. Candlemas, du numéro treize, ait fini de compter la monnaie de son tabac, avant de s'asseoir sur un des hauts tabourets du comptoir pour contempler les bocaux de bonbons.

– Bonjour, Alfie, avait dit M. Janáček.

– Bonjour, monsieur Janáček.

– *Quez que ze zera aujourd'hui ?*

Alfie avait secoué la tête.

– Rien, merci. Je n'ai pas d'argent de poche avant lundi. Je voulais vous poser une question, c'est tout.

M. Janáček avait hoché la tête et s'était approché du garçon en haussant les épaules.

– *Demande-moi ze que tu beux.*

– Il me semble que vous n'allez pas en rajeunissant, n'est-ce pas, monsieur Janáček ? avait dit Alfie.

C'était une expression qu'il avait entendue dans la bouche du vieux Bill Hemperton. Chaque fois que quelqu'un dans la rue le sollicitait pour un coup de main, il répondait qu'il ne pouvait pas, que la tâche (quelle qu'elle soit) était l'affaire d'un jeunot et qu'il n'allait pas en rajeunissant.

M. Janáček avait éclaté de rire.

– Quel âge me donnes-tu ?

Alfie réfléchit. Il savait par expérience – depuis une conversation particulièrement désagréable avec Mme Tamorin, du numéro vingt – qu'il était toujours préférable de rajeunir les gens par rapport à l'âge qu'on leur attribuait vraiment.

– Soixante ans ? avait-il proposé en espérant être tombé juste.

(En réalité, il était persuadé que M. Janáček avait soixante-quinze ans.)

Ce dernier avait encore ri et secoué la tête.

– Tu y es presque. J'ai vingt-neuf ans. À peine quelques années de plus que ton père.

Alfie ne l'avait pas cru, mais n'avait pas insisté.

– En tout cas, un jour, vous serez trop vieux pour tenir le magasin, n'est-ce pas ?

– Sans doute, avait répondu M. Janáček. Cela dit, pas avant longtemps, j'espère.

– Parce que j'ai discuté avec Kalena, et elle n'a pas l'intention de reprendre votre place quand elle sera grande, puisqu'elle veut devenir Premier ministre. Et je me suis dit que vous aurez peut-être besoin de quelqu'un quand vous aurez du mal à vous déplacer ou à attraper les marchandises sur les étagères du haut, n'est-ce pas ?

M. Janáček avait réfléchi à ce que venait de dire Alfie.

– Peut-être, avait-il admis. Mais pourquoi me poses-tu la question, Alfie ? Tu postules pour l'emploi ?

Alfie était resté songeur. Il n'était pas certain de vouloir s'engager.

– Vous pourriez penser à moi dans quelques années. Je travaille dur, je suis honnête et j'adore les bonbons.

– Mais je ne vends pas que des bonbons. Il faudra aimer tout le reste.

– Je me vois mal passionné par de la ficelle et des bougies, avait avoué Alfie. Mais je ferai de mon mieux. D'abord, je pourrai vous remplacer quand vous prenez votre jour de congé chaque semaine.

M. Janáček avait haussé un sourcil.

– Quel jour de congé ? avait-il demandé, surpris. Je ne fais que travailler. Je ne m'arrête jamais.

– Mais vous fermez toujours le vendredi soir pour ne rouvrir que le dimanche matin.

– Ah ! mais il ne s'agit pas d'un jour de congé, avait expliqué M. Janáček. C'est shabbat, le jour de repos des juifs. Le vendredi soir est celui des célébrations, Kalena allume les bougies et nous prions. Le samedi, nous ne travaillons pas mais nous sommes très occupés. Je ne peux pas ouvrir le magasin ce jour-là. Ta proposition est généreuse, Alfie, et sois certain que je la garde à l'esprit en perspective de ma future retraite.

Alfie avait souri. Pour lui, c'était parfait. Il avait tourné le regard vers le drapeau punaisé au mur derrière la caisse enregistreuse. Un drapeau compliqué, avec une bande rouge horizontale en haut, une blanche au centre et deux carrés, l'un rouge et l'autre vert en dessous. Et dans la bande blanche, deux couronnes côte à côte au-dessus de deux blasons.

– C'est quoi ? avait demandé Alfie.

M. Janáček avait suivi le regard du garçon.

– Voyons, c'est un drapeau.

– Ce n'est pas celui de l'Angleterre.

– Non, c'est celui de mon pays d'origine, le pays où je suis né et où j'ai grandi. Prague est une ville magnifique, avait-il ajouté en se caressant le menton, le regard perdu en direction des berlingots au citron. Sans doute la plus belle ville du monde, la ville de Mozart et de Dvořák, celle où furent joués pour la première fois *Les Noces de Figaro* et *Don Giovanni*. Et celui qui n'a jamais traversé le pont Charles sur la Vltava quand le soleil se couche derrière le château n'a rien vécu, mon jeune ami. Un jour, tu visiteras Prague, j'en suis sûr.

Alfie s'était rembruni. Il n'avait pas compris un traître mot de ce que M. Janáček avait dit.

– Si Prague est si merveilleuse, alors pourquoi êtes-vous venu à Londres ?

Le visage de M. Janáček s'était barré d'un large sourire et il avait eu l'air heureux comme jamais.

– Pour la meilleure raison du monde, avait-il expliqué. Par amour.

Alfie avait sauté du tabouret à la seconde, il avait fait ses adieux et s'était dépêché de rentrer. Les discussions sur l'amour ne l'intéressaient pas. C'était un sujet que les adultes affectionnaient et qui hantait les livres des filles mais qui laissait Alfie totalement indifférent. Kalena, elle, n'en parlait jamais, et prétendait qu'elle ne pouvait pas se laisser distraire par l'amour, ou alors elle ne deviendrait jamais Premier ministre. Il se rendait bien compte que Mme Janáček était ravissante – pour une vieille femme en tout cas –, mais il ne pouvait imaginer tomber un jour amoureux d'elle.

Bien sûr, Mme Janáček était décédée en 1913, un an avant le début de la guerre. Elle était tombée malade, avait beaucoup maigri et, très vite, n'avait plus quitté son lit. Margie prenait de ses nouvelles tous les jours. Alfie l'avait entendue dire une fois à Georgie que la pauvre femme était « en train de dépérir ». En un rien de temps, elle était morte. M. Janáček et Kalena s'étaient retrouvés seuls. Alfie avait essayé de parler de ce décès avec son amie mais elle s'y refusait, du moins pour le moment. Alors il était venu tous les jours la chercher pour jouer, même quand elle n'en avait pas envie. Il lui racontait ses pires blagues, dont une avait fait éclater de rire Kalena, trois mois après la mort de sa mère, et à partir de cet instant, tout avait semblé redevenir comme avant.

Alfie n'avait pas revu les Janáček depuis le printemps 1915. À cette époque, les journaux ne parlaient que de la guerre. Un grand nombre d'hommes de Damley Road, y compris Georgie, le père d'Alfie, s'entraînaient à être soldats ou se battaient déjà en Belgique et dans le nord de la France. Certains étaient bien trop jeunes mais répétaient à qui mieux mieux qu'ils s'enrôleraient le jour de leurs dix-huit ans. D'autres gardaient la tête basse et n'en parlaient pas, car ils n'avaient pas envie d'y aller.

Même Leonard Hopkins, du numéro deux, dont tout le monde savait qu'il tenait un stand de cireur de chaussures à la gare de King's Cross, lui qui, pourtant, n'avait jamais mis les pieds à l'école et dépensait tout ce qu'il gagnait en filles et en lotion tonique pour les cheveux, eh bien, Leonard s'était enrôlé à seize ans à peine.

– Ils ne lui ont posé aucune question, à ce qu'on m'a dit, avait confié mamie Summerfield à Margie un soir tandis qu'Alfie dînait. Ces sergents recruteurs n'ont donc aucun scrupule. Ils conduisent le moindre agneau à l'abattoir. Leonard n'a même pas commencé à se raser. C'est une honte, d'après moi.

Et puis, il y avait Joe Patience, l'objecteur du numéro seize – il n'était pas encore objecteur, bien sûr –, qui qualifiait la guerre d'absurdité, d'affaire de territoires et de gros sous, faite uniquement pour enrichir encore les riches et maintenir les pauvres à leur place. Peu lui importait ce que les autres disaient ou faisaient, il ne lèverait jamais une arme, ne porterait jamais l'uniforme. Il n'avait jamais voulu voir la France de toute façon, alors tant pis s'il ne la voyait pas !

De nombreuses personnes étaient en colère contre Joe Patience, mais à l'époque, en 1915, elles se contentaient de lui crier dessus quand il se mettait à parler politique. Ce n'est que plus tard qu'elles firent bien pire.

En ce mois de février, le jour même où Alfie avait reçu une lettre de son père lui racontant l'entraînement à la caserne d'Aldershot, Margie l'avait convoqué à la cuisine, où elle était en train de compter des pièces dans son porte-monnaie. À cette période, elle restait la plupart du temps à la maison, où elle tricotait du soir au matin, comme la majorité des femmes dans Damley Road, pour envoyer chaussettes et pullovers aux hommes qui étaient à ce qu'elle appelait le « front ».

– Cours chez M. Janáček, je te prie, Alfie, avait-elle demandé. Il me faut quelques pommes, un paquet de farine et le journal du jour. Vérifie qu'il s'agit de la dernière édition. Il te restera un penny pour t'acheter des bonbons.

Le visage d'Alfie s'était illuminé alors qu'il prenait l'argent et il avait couru jusqu'au magasin. M. Janáček se tenait sur le seuil le regard fixe, le corps tremblant, le visage pâle. La vitrine avait été brisée, la rue était jonchée de débris de verre et quelqu'un avait peint ces mots sur la devanture : PAS D'ESPIONS ICI !

– Qui est espion ? avait demandé Alfie en fronçant les sourcils. Qu'est-il arrivé à votre vitrine ? Vous reste-t-il des bonbons acidulés à la pomme ?

M. Janáček, toujours si gentil d'habitude, l'avait regardé sans sourire, ses chaussures brillant comme jamais.

– Que veux-tu, Alfie ? avait-il demandé d'une voix qui tremblait de rage et de peur.

– Des pommes, un paquet de farine et le journal du jour. Je dois vérifier qu'il s'agit bien de la dernière édition.

– Tu ferais mieux d'aller à la boutique de Damley Park, avait conseillé M. Janáček. Je ne vais pas ouvrir aujourd'hui. Comme tu peux le constater, ma vitrine est cassée en mille morceaux. *Ma bitrine est cazée en mille morzeaux.*

– Qui a fait cela ? avait demandé Alfie, sentant le verre s'écraser doucement sous ses chaussures.

– Je t'ai dit d'aller à Damley Park, avait répété M. Janáček en haussant le ton. Je n'ai pas de temps à te consacrer pour l'instant.

Alfie avait soupiré et tourné les talons. Il détestait aller à la boutique de Mme Bessworth, pour la bonne raison qu'elle avait la réputation de voler les enfants et d'en garnir des tourtes qu'elle dévorait ensuite au dîner. Un ami d'Alfie connaissait quelqu'un dont le cousin avait un voisin à qui c'était arrivé ; c'était donc prouvé.

Ce n'était pas la dernière fois que la vitrine serait brisée, et chaque fois M. Janáček la remplacerait dans les deux jours. Un soir, alors que Kalena jouait à la marelle dans les carrés tracés à la craie sur le trottoir, sous le regard attentif d'Alfie, un camion de l'armée était apparu et s'était garé devant le numéro six. M. Janáček avait ouvert et un militaire l'avait sommé de le suivre sur-le-champ sous peine d'avoir des ennuis.

– Mais je n'ai rien fait ! avait-il protesté.

–Vous êtes allemand ! avait hurlé Mme Milchin, qui habitait au numéro sept et avait déjà perdu ses deux aînés à Ypres – quant au benjamin, Johnny, il allait bientôt avoir dix-huit ans et personne ne l'avait vu depuis des semaines ; Mme Milchin l'avait, paraît-il, envoyé chez sa belle-sœur aux Hébrides extérieures.

– Mais je ne suis pas allemand ! s'était récrié M. Janáček. Je suis praguois. Vous le savez bien ! *Bous le zavez bien !* Je ne suis jamais allé en Allemagne !

Kalena s'était précipitée vers son père, qui l'avait serrée contre lui.

– Vous ne nous emmènerez pas ! avait-il crié.

– Allez, pressons, avait dit le militaire. Vous nous faciliterez la tâche en n'opposant aucune résistance.

– C'est ça, emmenez-le ! C'est un espion, avait crié Mme Milchin.

C'est alors que Margie était sortie à son tour dans la rue, effarée par ce qui était en train de se passer.

– Laissez-le ! avait-elle hurlé en se précipitant pour s'interposer entre les Janáček et les militaires. Il vous dit qu'il n'est pas allemand et, de toute façon, cela fait des années qu'il vit ici. Kalena est née dans cette rue. Ils ne sont une menace pour personne !

– Écartez-vous, madame, avait dit le militaire en faisant signe à l'un de ses collègues d'ouvrir les portes arrière du camion.

– Tu es une traîtresse, Margie Summerfield ! avait crié Mme Milchin. Tu pactises avec l'ennemi ! Tu devrais avoir honte !

– Mais il n'a rien fait ! Mon mari est soldat, avait-elle ajouté, comme si cela pouvait aider.

– Écartez-vous, madame, avait répété le militaire, ou je vous arrête vous aussi.

Il s'était ensuivi une belle bagarre et il avait fallu presque vingt minutes pour faire monter les Janáček dans le camion. Ils n'avaient pas eu l'autorisation de retourner dans leur maison prendre des affaires. M. Janáček avait supplié qu'on lui accorde la permission d'emporter une photo de sa femme, mais ils n'avaient eu droit qu'aux vêtements qu'ils portaient sur eux. Kalena s'était réfugiée dans les bras de la mère d'Alfie et l'un des militaires avait dû l'arracher à Margie au milieu des cris déchirants de la fillette. La dernière image qu'Alfie gardait d'eux était celle de M. Janáček pleurant à l'arrière du camion et du regard de Kalena qui lui faisait un signe d'adieu par la vitre arrière, sans un mot. Elle avait l'air si courageuse, Alfie avait compris à cet instant qu'elle deviendrait Premier ministre un jour et qu'elle ferait tout pour que ce genre d'injustice ne se reproduise jamais.

Plus tard ce soir-là, Margie avait donné quelques explications à Alfie.

– « Personne présentant un intérêt particulier », c'est ainsi que les autorités désignent tout Allemand, Russe ou personne originaire de l'Empire austro-hongrois, si je ne me trompe. Et les Janáček en sont originaires. C'est peut-être mieux ainsi.

– Mais ce n'est pas juste ! s'était écrié Alfie.

– C'est vrai, mais ils seront en sécurité jusqu'à la fin de la guerre. Quelques mois sur l'île de Man, ce n'est pas la mort quand on y pense. Regarde les dégâts qu'a subis le magasin. Les vandales n'auraient pas tardé à s'attaquer à M. Janáček.

Au numéro six, la maison était restée inhabitée. Personne ne s'y était installé et personne n'y avait pénétré. Jusqu'à ce jour où, voyant Margie compter les pièces dans son porte-monnaie pour décider qui, du propriétaire, du charbonnier ou de l'épicier, elle allait payer cette semaine – pas les trois et sans doute peut-être même pas deux –, Alfie avait eu une idée.

Il était sorti en trombe de la maison par la porte de la cuisine, il avait filé le long de la venelle jusqu'au numéro six, sauté par-dessus le mur, atterri dans la cour des Janáček et cassé le carreau de la cuisine avec une pierre trouvée près de la porte. Il avait glissé sa main à l'intérieur, tiré le loquet, remonté la vitre, s'était faufilé dans la pièce en quête du seul moyen de garder un toit au-dessus de sa famille et de l'empêcher de mourir de faim.

Il l'avait trouvée dans un coin du salon, posée par terre à côté d'un rocking-chair : la boîte à cirage de M. Janáček.

Quand Alfie avait quitté les lieux, c'est la seule chose qu'il avait emportée.

3

Ne laisse pas le feu s'éteindre

Tout le monde s'accordait à dire que ce serait terminé à Noël, mais quatre Noëls étaient déjà passés, un cinquième se profilait et rien n'indiquait que la guerre touchait à sa fin.

Alfie avait neuf ans à présent, et, six matins sur sept, avant de partir travailler, sa mère venait le réveiller en le secouant. Il avait toujours un choc en la découvrant dans la pénombre, vêtue de son uniforme blanc d'infirmière de la Couronne, ajusté à la taille et avec un col montant, les plis de sa coiffe retombant à la perfection de chaque côté de son visage, ses boucles blondes bien serrées dessous, à peine apparentes.

– Alfie, dit-elle, le visage pâle et fatigué après une trop courte nuit de sommeil. Alfie, réveille-toi. Il est six heures.

Alfie gémit, se retourna de l'autre côté en tirant la couverture rêche au-dessus de sa tête, même si ses pieds se retrouvèrent instantanément découverts à l'autre bout, et tenta de se rendormir. Il avait réclamé une autre couverture, plus longue, plus moelleuse à Margie, mais ils n'en avaient pas les moyens, les temps étaient trop durs pour les dépenses superflues. Alfie était en train de rêver qu'il voguait vers l'Afrique du Nord, quand son bateau avait été détruit par une tempête. Il avait réussi à nager jusqu'à une île déserte où, se nourrissant de noix de coco et de poisson, il vivait d'innombrables aventures. Chaque fois qu'Alfie lisait *Robinson Crusoé*, il faisait le même rêve. Il en était à la moitié, et ce pour la quatrième fois. Il s'était arrêté la veille au soir au moment où Crusoé et Vendredi regardaient les cannibales arriver en pirogue avec trois prisonniers prêts à être dévorés. Une grosse bagarre était sur le point d'éclater ; c'était un des passages préférés d'Alfie.

– Alfie, je n'ai pas de temps à perdre avec tes enfantillages, dit Margie. Réveille-toi. Je ne peux pas partir tant que tu ne t'es pas levé.

Le ton était sans appel. Alfie avait mis le doigt sur ce qui avait changé chez sa mère au cours des quatre dernières années : elle était devenue dure. Elle ne jouait plus jamais avec lui – elle était toujours trop fatiguée. Elle ne lui lisait plus d'histoire avant de dormir – c'était impossible puisqu'elle devait être de retour à l'hôpital vers huit heures du soir pour sa garde de nuit. Elle ne parlait que d'argent, ou plutôt du manque d'argent. Elle lui criait dessus sans raison et semblait ensuite près d'éclater en sanglots pour s'être emportée.

– Alfie, s'il te plaît, dit-elle en rabattant les draps, de sorte qu'il sente le froid. Tu dois te lever. Fais cela pour moi, au moins.

Il n'avait pas le choix. Il se retourna sur le dos, ouvrit les yeux, bâilla à s'en décrocher la mâchoire, s'étira et s'extirpa du lit. Margie attendit qu'il ait les deux pieds par terre pour se redresser et hocher la tête d'un air satisfait.

– Enfin ! s'exclama-t-elle. Voyons, Alfie, je ne comprends pas pourquoi nous devons en passer par là tous les matins. Tu as neuf ans ! Tout ce que je te demande, c'est un peu de coopération. Maintenant, mange quelque chose, fais ta toilette et pars à l'école. Je serai de retour vers quatorze heures. Je nous préparerai quelque chose de bon pour le dîner. Qu'est-ce qui te ferait plaisir ?

– Des saucisses avec des haricots blancs et des frites, répondit Alfie.

– Si seulement..., dit Margie en ébauchant un rire qui n'en était pas un. (Elle ne riait plus beaucoup et ne plaisantait plus comme avant en disant qu'elle se ferait bien la belle avec le facteur.) Ce sera tripes aux oignons, j'en ai peur. C'est tout ce que nous pouvons nous offrir.

Alfie s'étonna qu'elle lui ait demandé ce qui lui ferait plaisir, puisqu'elle n'avait pas tenu compte de sa réponse. Cela dit, l'idée qu'elle rentre avant lui à la maison le réjouissait. D'habitude, elle était de retour beaucoup plus tard.

– Nous mangerons un morceau ensemble, dit-elle en se radoucissant, mais je suis encore de garde cette nuit et tu devras te débrouiller tout seul, ou alors tu peux dormir chez mamie Summerfield, si tu veux. Tu ne feras pas de bêtises, n'est-ce pas ?

Alfie secoua la tête.

Il avait déjà essayé de la dissuader de prendre des gardes de nuit, mais n'y était pas parvenu. Elle recevait un quart de livre en plus sur sa paie quand elle travaillait après huit heures du soir, et ce quart de livre, lui avait-elle dit, pouvait faire la différence entre avoir un toit sur leurs têtes ou pas. Il s'était bien gardé d'insister.

Margie dévisagea son fils ; elle lui lissa les cheveux et son expression changea un peu. Elle ne semblait plus en colère. On aurait dit qu'elle se rappelait les manières d'autrefois. Elle s'assit sur le lit à côté de lui et le prit par les épaules. Alfie se blottit contre elle, il ferma les yeux, sentant le sommeil revenir.

Au bout d'un moment, il leva la tête et suivit le regard de sa mère, qui avait les yeux tournés vers la photographie encadrée de Georgie, posée sur sa table de nuit. Il ne portait pas l'uniforme de soldat ; il était dans la cour de la laiterie, un très jeune Alfie sur ses épaules, un grand sourire lui barrant le visage, M. Asquith à côté de lui et fixant l'objectif avec l'air de sous-entendre qu'il se passerait bien d'un tel affront

– Alfie disait toujours que M. Asquith était un cheval digne. Il ne se rappelait pas à quel moment la photographie avait été prise, mais elle trônait sur sa table de chevet depuis le jour où Georgie était parti pour la caserne d'Aldershot, quatre ans plus tôt. Mamie Summerfield l'avait posée là le soir même.

– Oh, Alfie ! s'exclama Margie en l'embrassant sur le front avant de se lever et de gagner la porte. Je fais de mon mieux pour toi. Tu le sais, n'est-ce pas ?

Après son départ, Alfie descendit à la cuisine ; il courut dehors prendre la pelle qui se trouvait derrière la porte et la remplit de cendres au tiroir de la cuisinière. Puis il fonça au petit coin au fond du jardin en s'efforçant de ne pas sentir l'air glacé ni de renverser son précieux fardeau. Il détestait cette course au saut du lit, surtout à la fin d'octobre, quand il faisait encore noir et si froid, mais il ne pouvait y couper.

À l'intérieur des cabinets, il gelait. Sept espèces d'araignées différentes et une sorte de blatte bien nourrie lui coururent sur les pieds pendant qu'il était assis. Il entendit des rats galoper derrière les planches et poussa un grognement en se rappelant qu'il avait oublié de prendre les carrés du journal de la veille, qu'il découpait soigneusement tous les soirs avant de se coucher. Heureusement, Margie y avait pensé. Elle avait percé un trou en leur centre pour les suspendre au crochet par un bout de ficelle, ce qui évita à Alfie de retourner à la cuisine.

Sa grosse commission terminée, il versa les cendres dans les latrines en espérant que la fosse derrière elles – le pire endroit qu'il ait jamais vu de sa vie – ne s'engorge pas à nouveau. C'était arrivé quelques mois auparavant et Margie avait dû payer deux shillings les vidangeurs de fosses d'aisances pour tout nettoyer. Après quoi, redoutant de ne pas avoir l'argent nécessaire au loyer, elle s'était assise dans le fauteuil bancal devant l'âtre et elle avait pleuré toutes les larmes de son corps, en murmurant inlassablement le nom de Georgie comme s'il avait pu revenir les sauver d'une possible expulsion.

Alfie rentra bien vite, il se lava les mains et s'assit à la table de la cuisine où Margie avait laissé à son intention une assiette avec deux tranches de pain, une lichette de beurre et, à son grand étonnement, un tout petit pot de confiture que fermait une gaze retenue par une ficelle. Alfie le regarda d'un air incrédule. Cela faisait des mois qu'il n'avait pas mangé de confiture. Il souleva le pot et lut l'étiquette. Un seul mot avait été tracé à l'encre noire d'une plume épaisse : GROSEILLE.

Il arrivait que les familles de soldats hospitalisés apportent de petites gâteries aux infirmières. C'était souvent des douceurs : quelque chose qu'elles avaient fait maison à partir des fruits de leur jardin ou de leur parcelle vivrière. Margie avait dû l'obtenir de cette façon. Alfie se demanda si sa mère en avait mangé un peu ou si elle l'avait gardée pour lui. Il se leva pour regarder dans l'évier, où la vaisselle de Margie était posée, encore sale, une petite mare brune de thé froid au fond de sa tasse. Autrefois, avant la guerre, Margie n'aurait jamais laissé de la vaisselle sale ; elle l'aurait lavée à l'eau claire et posée à l'envers sur l'égouttoir, pour que Georgie l'essuie plus tard. Alfie prit l'assiette et l'examina. Il restait quelques miettes au bord et une trace de condensation à l'endroit où la chaleur de la tartine grillée s'était opposée au froid de la faïence. Il inspecta le couteau. Il était presque propre. Alfie le renifla. Il ne sentait pas le beurre et ne portait aucun résidu de confiture. Si Margie en avait mangé, il en serait resté un soupçon.

Elle avait gardé la confiture pour lui.

Alfie remplit la bouilloire, la posa sur la cuisinière, glissa quelques bûchettes sur les braises encore rouges et guetta le sifflement pour se faire une tasse de thé. Il avait toujours l'impression d'être une grande personne quand il attendait que le thé infuse. Il n'en appréciait pas vraiment le goût mais se sentait plein d'importance lorsqu'il s'asseyait le matin à la table de la cuisine devant une tasse fumante et une tartine grillée, le journal appuyé contre le pichet de lait. C'est ainsi que Georgie faisait, avant son départ.

Charlie Slipton, qui habitait au numéro vingt et un, ne distribuait plus les journaux. Il était parti à la guerre en 1917 et s'était fait tuer quelques mois plus tard. Alfie avait noté dans son carnet le nom de l'endroit de sa mort, mais il n'arrivait jamais à le prononcer : Passchendaele. Désormais, c'était Jack, le plus jeune frère de Charlie, qui distribuait les journaux. Jack venait d'avoir dix ans et ne parlait à personne. Alfie avait essayé de se lier d'amitié avec lui mais avait fini par abandonner, car il ne faisait aucun doute que Jack préférait être seul.

Voir le journal lui fit penser à ce jour horrible de l'an passé, quand ils avaient appris la mort de Charlie. C'était un dimanche matin, Margie et lui se trouvaient tous les deux à la maison. On avait frappé à la porte. Margie faisait alors du pain ; elle avait levé la tête, surprise, s'était passé la main sur le front, y laissant une grande trace de farine. Ils avaient peu de visites. Mamie Summerfield avait sa clé et, d'habitude, elle entrait sans se gêner. Le vieux Bill frappait toujours trois coups, des toc-toc-toc reconnaissables entre mille. Et bien sûr, M. Janáček et Kalena avaient été emmenés sur l'île de Man. Alfie préférait ne pas imaginer ce qui avait pu leur arriver.

– Qui cela peut-il être ? avait demandé Margie en se lavant les mains à l'évier avant d'aller dans l'entrée où elle était restée devant la porte un instant comme si elle pouvait voir au travers.

Alfie l'avait suivie et, l'instant d'après, elle s'était avancée pour tirer le verrou et ouvrir la porte.

Deux hommes se tenaient sur le seuil, tous deux en uniforme militaire. Le premier était assez âgé, avec une moustache grise, des yeux bleu sombre derrière des lunettes. Il portait des gants en cuir élégants, qu'il était en train de retirer au moment où la porte s'était ouverte. Le second était beaucoup plus jeune et s'était coupé en se rasant ce matin-là. Alfie avait vu une goutte de sang coagulée sur son menton. Il avait des cheveux roux hérissés dans tous les sens, impossibles, certainement, à discipliner. Alfie le regardait avec des yeux ronds. Il n'avait jamais vu de cheveux aussi roux, pas même ceux de M. Carstairs, son instituteur à l'école de Damley Road, surnommé Poil de Carotte bien que ses cheveux fussent plutôt de la couleur d'une orange brûlée.

– Non ! s'était écriée Margie, les yeux fixés sur les deux hommes et la main serrant à craquer le chambranle de la porte.

Alfie avait remarqué que les articulations de sa mère étaient devenues toutes blanches.

– Non ! avait-elle répété, plus fort cette fois, et Alfie avait froncé les sourcils en se demandant ce qu'elle voulait dire par là.

– Madame Slipton ? avait demandé le plus âgé, le monsieur à la moustache, tandis que le rouquin se dressait de toute sa hauteur et tentait de croiser le regard d'Alfie derrière Margie.

En découvrant le garçon, son visage s'était voilé de tristesse, il s'était mordu la lèvre et avait détourné les yeux.

– Quoi ? avait demandé Margie d'une voix aiguë, surprise d'être appelée par un autre nom.

Alfie s'était avancé pour se mettre à côté de sa

mère. Il avait vu toutes les portes s'ouvrir sur le trottoir d'en face et les femmes sortir en se tenant le visage entre les mains. Au numéro onze, le rideau s'était écarté et il avait aperçu mamie Summerfield qui regardait dans leur direction en se tenant le visage entre les mains aussi. M. Asquith était passé, conduit par le jeune Henry Lyons. Henry était incapable de remplir un bidon de lait, même si sa vie en avait dépendu ; c'était l'avis de tous. Quand il versait le lait, la moitié se répandait dans le caniveau. Mais la laiterie avait besoin d'un livreur, or Henry était sourd et ne pouvait pas aller à la guerre. Alfie était certain que M. Asquith avait tourné la tête vers leur maison en quête de son véritable maître.

– Madame Slipton, je suis le sergent Malley, avait dit l'homme à la moustache, et voici le lieutenant Hobton. Vous permettez que nous entrions une seconde ?

– Non, avait répondu Margie.

– Madame Slipton, je vous en prie, avait-il répliqué d'un ton résigné, comme s'il avait l'habitude de ce genre de réaction. J'aimerais que nous nous asseyons un instant à l'intérieur, puis…

– Vous vous êtes trompés de maison, avait répondu Margie, sur le point de suffoquer – perdant presque l'équilibre, elle s'était appuyée sur l'épaule d'Alfie. Oh, mon Dieu ! Vous vous êtes trompés de maison ! Comment avez-vous pu faire une chose pareille ? Vous êtes au numéro douze et c'est au vingt et un que vous voulez aller. Vous avez inversé les chiffres.

L'homme l'avait d'abord dévisagée, puis une expression de consternation s'était peinte sur son visage tandis que le rouquin sortait un bout de papier de sa poche et le parcourait rapidement.

– Sergent, avait-il dit en brandissant le papier pour lui montrer quelque chose.

Le sergent avait pincé les lèvres de rage en fusillant du regard le jeune homme, comme sur le point de le frapper.

– Qu'est-ce qui cloche chez vous, Hobton ? avait-il craché. Vous ne savez donc pas lire ? Vous n'êtes pas capable de vérifier avant de frapper à une porte ?

Il s'était tourné vers Margie et Alfie en secouant la tête.

– Je suis navré, profondément navré.

Sur ces mots, les deux hommes avaient tourné les talons pour revenir dans la rue, vérifier les numéros de porte en jetant des coups d'œil de gauche à droite, puis ils avaient pris la direction du magasin de M. Janáček. La vitrine était toujours condamnée, après le dernier acte de vandalisme d'il y avait quelques années, et les mots peints en blanc : PAS D'ESPIONS ICI ! étaient toujours lisibles.

Margie avait reculé dans l'entrée, le souffle coupé, mais Alfie était resté sur le pas de la porte. Il avait regardé les soldats parcourir lentement la rue. Toutes les portes étaient ouvertes. Et devant chaque porte se tenait une femme ou une mère. Certaines pleuraient. D'autres priaient. D'autres encore secouaient la tête en espérant que les deux hommes ne s'arrêtent pas devant chez elles. Chaque fois que le sergent Malley et le lieutenant Hobton dépassaient une maison, la femme qui se tenait devant se signait, rentrait chez elle en toute hâte, claquait la porte et poussait le verrou au cas où les deux hommes changeraient d'avis et reviendraient sur leurs pas.

Ils avaient finalement fait halte devant le numéro vingt et un où se trouvait la mère de Charlie, Mme Slipton. Alfie n'avait pas entendu les propos qu'ils avaient échangés mais il avait remarqué qu'elle pleurait en tentant de repousser les militaires. Les mains tendues devant elle pour seule défense, elle avait même giflé le rouquin qui pourtant ne s'en était pas formalisé. Le sergent s'était approché d'elle pour lui murmurer quelque chose à l'oreille puis ils étaient entrés dans la maison. Alfie s'était retrouvé seul dans la rue. Toutes les autres femmes étaient rentrées chez elles et mesuraient leur chance de ne pas avoir reçu la visite des deux hommes.

Plus tard ce jour-là, Alfie avait entendu dire que Charlie Slipton avait été tué et il s'était rappelé l'après-midi où celui-ci lui avait jeté un caillou à la tête sans raison. Il ne savait pas ce qu'il devait ressentir. C'était le problème avec la guerre, s'était-il rendu compte. Elle compliquait tout.

Alfie ne comprenait pas grand-chose au *Daily Mirror*, mais il aimait jeter un coup d'œil aux titres. Il prit le journal pour connaître les nouvelles du monde :

encore la Marne, il s'y passait toujours quelque chose ; décompte des blessés et des morts dans une ville qui s'appelait Amiens ; article sur le discours du Premier ministre, M. Lloyd George, qu'Alfie ne pouvait plus voir en peinture car il tenait des discours tous les jours.

Et enfin, il fit ce qu'il faisait tous les matins. Il alla à la page quatre pour lire les statistiques : le nombre de morts de notre côté ; le nombre de morts dans l'autre camp ; le nombre de blessés ; le nombre de disparus au combat. Mais le seul nombre qui comptait vraiment pour Alfie était le 14278 : le matricule de son père, le numéro qu'on lui avait attribué à son enrôlement.

Il suivit la liste du doigt.

14143, Smith D. – Fusiliers du roi
14275, Dempster C. K. – Régiment de Gloucestershire
15496, Wallaby A. – Highlanders de Seaforth
15700, Crosston J. – Forestiers de Sherwood (régiment de Notts et Derby)

Il poussa un soupir de soulagement, reposa le journal et but une gorgée de thé en essayant de penser à autre chose. Il frissonna, la maison était toujours froide. À la première heure, Margie mettait quelques morceaux de charbon dans le feu mais précisait qu'il était inutile de chauffer la maison toute la journée pour seulement deux personnes, sachant qu'elle était au travail et lui à l'école.

– Autant jeter l'argent par les fenêtres, disait-elle. Nous pouvons très bien supporter le froid le matin. Quand tu rentres de l'école, tu n'as qu'à rallumer le feu pour la soirée. Quelques morceaux, pas plus, et pas trop de bûchettes non plus. Le bois n'est pas donné !

Alfie finit son petit déjeuner, puis se leva pour aller à l'évier faire la vaisselle – celle de Margie et la sienne. Il l'essuya avec le torchon, qu'il suspendit au crochet à côté de la cuisinière, et rangea toutes les affaires dans le placard. Il sortit la paire de ciseaux et la posa sur le journal, pour le découper plus tard – les nouvelles du jour qui finissaient en papier-toilette du lendemain. Il jeta un coup d'œil au sol pour voir s'il fallait le balayer, mais il avait l'air propre. Passer le balai faisait désormais partie de ses attributions. Il tenait la maison propre comme un sou neuf. Du moins, c'est ce que disait Margie.

– Tout le monde doit donner du sien, répétait-elle. Je ne te demanderais rien si j'avais le temps de le faire moi-même.

Cela ne dérangeait pas Alfie. Il avait horreur du désordre.

Il remit de l'eau à chauffer sur la cuisinière, versa celle-ci dans l'évier et plongea le savon de Marseille dedans pour le ramollir un peu. Puis il retira son pyjama et fit une rapide toilette de chat, debout au milieu de la cuisine. Il ne l'aurait jamais fait si Margie avait été à la maison ; il lui aurait demandé de rester dehors en bloquant la porte avec une chaise au cas où elle aurait oublié. Il prit la serviette qui séchait à côté du feu. Elle était rêche et il détestait ce contact sur sa peau, mais c'était la seule serviette qu'ils avaient. Quand il eut fini, il remonta vite dans sa chambre pour s'habiller.

C'était un mardi, un jour de classe. Mais Alfie ne fréquentait plus beaucoup l'école. Les maîtres s'en moquaient. Ils ne faisaient pas l'appel et ne prévenaient jamais aucune mère de l'absence de leur enfant. Alfie allait en cours deux fois par semaine, environ. Souvent le lundi et le jeudi, parce que le lundi, c'était histoire et Alfie était passionné d'histoire, par tout ce qui concernait les rois, les reines et les guerres menées pour la couronne d'Angleterre. Le jeudi, c'était lecture et Alfie était le meilleur de sa classe. Il était même le meilleur de l'école et adorait entendre Mme Jillson, la bibliothécaire, faire la lecture, puis la voir passer l'ouvrage à chaque élève pour qu'il s'exerce en lisant une page ou deux. Mme Jillson était très vieille mais elle lisait en mettant le ton et obligeait les enfants à faire de même. C'était ce qu'Alfie préférait dans cette matière.

Les maîtres d'école n'étaient plus ceux d'avant la guerre. Auparavant, ils étaient tous de jeunes gens pleins d'entrain, qui ne rechignaient pas à taper dans le ballon à l'heure du déjeuner. Désormais, il ne restait plus un seul jeune homme, à part M. Carstairs, qui avait deux pattes folles et marchait avec des béquilles. En fait, il n'y avait plus aucun jeune homme nulle part, si ce n'était Joe Patience, l'objecteur du numéro seize, à qui personne n'adressait la parole. Pas même mamie Summerfield, qui le connaissait pourtant depuis qu'il était tout petit et avait dit une fois le considérer comme un deuxième fils – ou se considérer comme une deuxième mère pour lui, Alfie ne se rappelait plus. À présent, on ne pouvait prononcer le nom de Joe devant mamie Summerfield sans qu'elle se mette en colère. Une fois, Alfie les avait vus se croiser dans la rue et mamie Summerfield gifler Joe à toute volée. Joe Patience ! La crème des hommes !

L'école était maintenant dirigée par des vieux, dont certains avaient été maîtres avant la guerre et pensaient en avoir fini avec toutes ces sornettes et pouvoir profiter d'une longue et paisible retraite. Par des gens comme Mme Jillson ou M. Flaker, d'anciens fonctionnaires, ou M. Cratchley, dont le fils enseignait à l'école avant d'être envoyé « là-bas », comme il leur serinait tous les jours, au cours de la prière qu'il leur demandait de réciter pour Cecil, Cecil Cratchley, son fils. Certains n'avaient jamais enseigné, mais l'époque voulait que tout le monde mette la main à la pâte – du moins c'est ce que disait M. Flaker. Le devoir d'abord !

Et les vieilles personnes s'y entendaient pour frapper. Les jeunes maîtres d'avant guerre ne faisaient pas usage de la force. En revanche avec M. Flaker il ne se passait pas une leçon sans qu'un enfant soit battu. M. Grace, valet à Buckingham Palace jusqu'à ses soixante-cinq ans, gardait toujours à portée de main une badine à pommeau d'argent qu'il appelait Excalibur. La plupart des élèves y avaient déjà goûté. Les garçons ne se plaignaient pas, ils avaient l'habitude d'être corrigés chez eux pour un oui ou pour un non. Seul Alfie n'avait jamais reçu de coups de la part de ses parents – Georgie et Margie ne croyaient pas à la vertu des corrections –, et le jour où il avait fait cet aveu à M. Grace, il était rentré à la maison avec la marque d'Excalibur incrustée dans la main gauche pour le punir de son insolence.

Quoi qu'il en soit, ce jour n'était pas un lundi ou un jeudi, et cela signifiait qu'il n'y aurait donc ni histoire ni lecture. C'était un mardi et, une fois habillé, Alfie plongea la main au fond de son armoire pour en sortir la boîte à cirage. Il la posa sur le tapis et en souleva le couvercle avec précaution, laissant échapper la forte odeur du cirage. Il inspecta le contenu, tout y était : ses brosses, ses chiffons à reluire, ses boîtes de cirage, son chausse-pied, sa brosse en crin de cheval et sa graisse pour le cuir. Il vérifia qu'il avait assez de produits, mais il avait renouvelé son stock le vendredi précédent en prenant sur ses gains et avait donc devant lui deux semaines avant de devoir se réapprovisionner. Satisfait, il referma la boîte. Il descendit au rez-de-chaussée, s'assura qu'il n'avait pas de traces de saleté sur la figure, car il avait appris depuis longtemps que les affaires marchaient mieux quand il avait le visage propre et les cheveux peignés, passa son manteau, noua son écharpe et sortit dans le froid matin d'octobre.

Après tout, Alfie Summerfield était l'homme de la maison. Il devait gagner sa vie.

4

Ton roi et ton pays ont besoin de toi

La boîte à cirage était en acajou, d'un beau brun foncé, et elle était deux fois plus longue que large. Un fermoir doré retenait le couvercle à la base. Une fois ouverte, la boîte révélait trois compartiments intérieurs.

Le premier contenait deux brosses en crin de cheval, l'une noire et l'autre marron, avec des alvéoles sur le manche ; le deuxième un jeu de quatre chiffons gris à reluire et deux éponges ; le troisième était réservé aux pots de cirage qu'Alfie avait trouvés à peine entamés le jour où il avait pris la boîte. Sur le côté était gravé le mot « Holzknecht », surmonté d'un emblème qui figurait un aigle féroce aux yeux perçants, s'élançant au-dessus d'une montagne. Caché sous le couvercle était logé un repose-pied amovible, qui se fixait au-dessus de la boîte grâce à deux fines rainures creusées sur le côté. Cette petite planche servait de repose-pied aux clients pour faire cirer leurs chaussures.

Le jour où Alfie avait rapporté la boîte dans sa chambre, il l'avait contemplée un long moment, faisant courir ses doigts sur l'ouvrage élégant, humant avec délectation le cirage, dont l'odeur lui chatouillait les narines. Bien sûr, il avait déjà vu quantité de boîtes à cirage de cette sorte, mais aucune aussi travaillée et bien entretenue que celle de M. Janáček. Quelques jours après s'être enrôlé, Georgie avait emmené Alfie à la gare de King's Cross – officiellement pour regarder les trains... – et Alfie avait aperçu Leonard Hopkins, du numéro deux, en train de cirer des chaussures dans un coin près du guichet et gagner un penny pour sa peine. Il mettait un temps fou à finir chaque soulier et, pourtant, dès qu'une jolie fille passait dans le secteur, Leonard la suivait des yeux, comme hypnotisé, et ne se remettait à sa tâche qu'après avoir reçu du client une tape sur la tête.

Aux dernières nouvelles, Leonard était stationné à l'entrée de Bruges. Il avait séjourné trois mois dans un hôpital de campagne avant d'être renvoyé en service actif. Il n'avait pas encore dix-sept ans.

Un soir, Alfie avait parlé du travail de Leonard à M. Janáček et à Kalena. Tous deux avaient ri en déclarant que le problème avec les Anglais, c'était qu'ils avaient toujours besoin d'un tiers pour les servir. Les riches avaient leurs servantes, leurs valets, leurs domestiques et leurs bonnes ; les pauvres ne pouvant s'offrir un tel luxe, ils appréciaient que quelqu'un d'autre cire leurs chaussures à leur place. Cela leur donnait de l'importance.

– Or, il se trouve que nous pouvons faire certaines choses nous-mêmes, avait déclaré M. Janáček en levant sa chaussure d'une main et sa brosse de l'autre. Et ceci, mon jeune ami, en fait partie.

En examinant la boîte à cirage à la loupe, Alfie avait acquis la certitude qu'elle avait dû appartenir à la famille de M. Janáček depuis des générations. Une sorte d'héritage en quelque sorte, qu'il avait emporté avec lui à Londres en quittant Prague pour la meilleure raison du monde : par amour. Peut-être l'avait-il même utilisée pour gagner sa vie avant d'ouvrir son magasin. À moins qu'il l'ait simplement conservée pour son usage personnel, car M. Janáček était toujours bien habillé et connu dans Damley Road pour être toujours tiré à quatre épingles.

– C'est son sang européen, avait dit Margie à Mmes Milchin et Welton par un après-midi de repassage pour Mme Gawdley-Smith, qui habitait une des maisons prétentieuses du côté de Henley Square et dont Margie avait commencé à faire la lessive pour deux pence le ballot. Sur le continent, les hommes sont attentifs à leur apparence, avait-elle ajouté.

– Oh ! si j'avais vingt ans de moins et si Fred regardait ailleurs ! s'était exclamée Mme Welton en riant, tandis que Mme Milchin secouait la tête et faisait la grimace, comme si elle venait d'avaler une gorgée de lait tourné.

– Je n'aime pas les hommes trop apprêtés, avait-elle décrété. Si vous voulez mon avis, ce Janáček ne m'inspire pas confiance.

Il faut dire que Mme Milchin l'avait pris en grippe depuis très longtemps, à cause de son accent. Elle était ainsi, elle n'aimait pas les étrangers.

Alfie détestait penser qu'il avait volé la boîte à cirage ; il préférait se dire qu'il l'avait empruntée. Voler était répréhensible – David Candlemas, qui habitait au numéro treize, avait failli finir en prison pour avoir dérobé du charbon dans l'appentis des Scutworth derrière leur maison, un scandale qui avait enflammé Damley Road pendant des semaines – mais il était certain que M. Janáček aurait approuvé ce qu'il avait fait et il s'était promis de la lui rendre dès que la guerre serait terminée et que Kalena et son père réintégreraient enfin le numéro six.

Si tant est que ce jour arrive.

Quelque temps plus tard, Margie était rentrée un soir à la maison, l'air perturbé, en déclarant à Alfie qu'elle avait une nouvelle importante à lui annoncer. Ils s'étaient installés au salon, Alfie en face d'elle, les mains sur les genoux, penché en avant, impatient.

– Alfie, avait-elle commencé sans le regarder, les yeux tournés vers l'âtre.

Elle s'était tue, mais Alfie avait décidé de ne pas

parler avant elle. Il redoutait ce qu'elle s'apprêtait à lui apprendre et il sentait déjà les larmes lui monter aux yeux.

– J'ai une nouvelle à t'annoncer.

– Une bonne nouvelle ?

– Ce n'est pas une mauvaise nouvelle, avait-elle répondu. C'est une nouvelle, voilà tout. Une information.

– C'est à propos de papa ?

Elle s'était tournée vers lui d'un coup et il avait croisé son regard. Cela faisait presque trois ans que Georgie était entré dans cette même pièce, vêtu d'un uniforme de soldat, que Margie s'était enfuie en larmes et que mamie Summerfield avait décrété que c'était la fin, cette fois, c'était la fin.

– Non, avait dit Margie en secouant la tête. Alfie, nous avons déjà eu cette conversation. Ton père est en mission secrète pour le gouvernement, je te l'ai déjà dit. C'est pour cette raison qu'il ne nous donne plus de nouvelles, qu'il n'écrit plus et que nous ne pouvons plus lui écrire.

« Papa est mort », avait pensé Alfie.

– J'ai cru que tu avais compris, avait poursuivi Margie en élevant la voix.

Alfie avait serré les mâchoires et senti ses dents grincer. « Papa est mort. » Il avait fermé les yeux et, dans sa tête, il avait entendu le bruit d'un train qui entrait en gare, le vacarme de la locomotive qui noyait les paroles de sa mère…

« papa-est-mort-papa-est-mort-papa-est-mort-papa-est-mort »… les lèvres de Margie bougeaient, elle était toujours en train de parler, il le savait, mais il ne l'entendait pas. Il repoussait tous les sons, hormis ces trois mots qu'il répétait encore et toujours en pensée.

– Alfie, arrête ! avait crié Margie en lui retirant les mains des oreilles.

Alfie avait ouvert les yeux et dégluti.

– Qu'est-ce qui te prend ?

– Je pensais à quelque chose, c'est tout.

– À quoi ?

– À papa.

Margie avait poussé un soupir.

– Si tu as envie que nous parlions de ton père, alors parlons-en. C'est ce que tu veux ?

– Dis-moi la vérité sur papa.

– Je te l'ai dite.

– Je ne suis plus un bébé, avait insisté Alfie. Dis-moi la vérité.

Margie avait hésité ; l'espace d'une seconde, elle avait paru sur le point de lui dire la vérité, mais le bruit des sabots de M. Asquith qui passait dans la rue, en tournant automatiquement la tête vers la maison dès qu'il arrivait en vue du numéro douze, les avait distraits un instant et Alfie avait compris qu'il était inutile d'insister.

– Alors, dis-moi ta nouvelle, avait-il fini par demander.

Margie avait secoué la tête.

– Oh, Alfie, avait-elle lâché en soupirant. Je ne sais pas si j'ai encore le courage.

– Dis-moi.

– J'ai un travail, avait-elle répondu en haussant les épaules. À l'hôpital, je vais être infirmière de la Couronne.

– C'est quoi ? avait demandé Alfie en fronçant les sourcils.

– Je sais que tu lis le journal, avait-elle dit, sans savoir qu'Alfie ne lisait le journal que pour les statistiques.

« 14278. »

– Les blessés qui reviennent du front sont de plus en plus nombreux, avait poursuivi Margie. On a besoin d'infirmières pour les soigner. Il faut que je participe, Alfie, tu peux le comprendre, non ? J'ai toujours rêvé de trouver une activité pour laquelle je sois douée. C'est peut-être infirmière. Je pense à ton père et…

Elle s'était interrompue et s'était mordu la lèvre, puis elle avait secoué la tête et changé de sujet.

– Je veux être utile, Alfie. Tu peux le comprendre, non ? Plus nous sommes nombreux à nous rendre utiles, plus vite la guerre sera finie.

– La guerre ne finira jamais ! avait crié Alfie. Elle continuera toujours !

– Ce n'est pas vrai, avait répliqué Margie. Elle finira bien un jour. Les guerres finissent toujours. Les nouvelles guerres ne pourraient pas commencer si les anciennes n'étaient pas terminées, avait-elle ajouté avec un petit sourire, mais Alfie n'était pas d'humeur à plaisanter. Bref, on m'a proposé six semaines de formation à l'hôpital et ensuite un travail – par roulement, malheureusement. Par conséquent, il va y avoir quelques changements à la maison pendant un certain temps. Il faudra que tu te débrouilles un peu plus tout seul. Tu es capable de le faire, n'est-ce pas ? Mamie Summerfield est juste de l'autre côté de la rue si tu veux dormir chez elle.

Alfie réfléchit. Il n'aimait pas l'idée de devoir se débrouiller tout seul. Il voulait que les choses redeviennent comme avant, quand Georgie et Margie s'occupaient de lui ; quand mamie Summerfield passait à tout bout de champ pour les derniers ragots ; quand le vieux Bill Hemperton d'à côté faisait *toc toc toc* à la porte et donnait un demi-penny à Alfie pour aller lui chercher le journal ; quand Kalena était sa meilleure amie, et non une « personne présentant un intérêt particulier », et n'avait pas été internée dans un camp.

– Nous avons besoin de cet argent, Alfie. C'est cela, la vérité, avait dit Margie, voyant qu'il gardait le silence.

– Mais tu fais déjà des lessives !

– Inutile de me le rappeler. Il faudra que je les fasse en milieu de journée, entre deux gardes.

– Et quand dormiras-tu ?

– Oh, je dormirai quand je serai...

Elle s'était interrompue soudain, les joues écarlates.

– Je n'ai pas le choix, Alfie. Les temps sont difficiles, tu le sais.

Elle hésita, puis reprit, en haussant le ton, exaspérée :

– Nous n'avons pas d'argent, Alfie ! Nous nous en sortons à peine en l'état actuel des choses. Mamie Summerfield m'a proposé de venir nous installer chez elle, mais je ne veux pas. C'est notre maison et, tant qu'il me restera un souffle de vie, je ne te la retirerai pas, toi qui as déjà perdu tant de choses. Bref, comment veux-tu que je continue à te fournir en bonbons si je ne travaille pas ?

Elle avait souri dans l'espoir qu'il sourie aussi.

– Je n'ai pas besoin de bonbons, avait dit Alfie. Je peux y renoncer. De toute façon, on n'en trouve plus beaucoup. Aucun magasin n'en a.

– Nous avons besoin de nourriture, Alfie. Nous frôlons la pénurie !

Alfie avait ouvert de grands yeux. Il ignorait ce que « frôler la pénurie » signifiait, mais c'était grave, sans aucun doute.

– Si je travaille, si je prends la lessive de Mme Gawdley-Smith et si je fais quelques gardes de nuit, nous pourrons manger. Si je ne le fais pas, nous ne mangerons pas. C'est aussi simple que cela. La nourriture ne pousse pas sur les arbres, tu sais.

– En fait, si, avait répondu Alfie. En partie. Le reste pousse dans la terre.

Margie avait souri et même ri un peu, à la joie

d'Alfie. Cela faisait si longtemps qu'il n'avait pas fait rire sa mère.

– Tu as raison, avait-elle concédé, mais tu comprends ce que je veux dire.

Pour finir, ils avaient eu une longue conversation à propos de l'hôpital, des heures qu'elle allait devoir y passer, et Alfie avait promis de ne pas faire de bêtises et d'aller à l'école tous les jours, ce que Margie avait souligné comme étant un signe de maturité.

– Un jour, tu seras un homme parfait, lui avait-elle confié en l'embrassant sur le front. Comme ton père. Il serait fier de toi s'il était ici avec nous.

Mais Georgie n'était pas avec eux, bien sûr. Il n'écrivait pas, il n'envoyait pas de télégramme ; il ne venait pas en permission comme Jack Tamorin, du numéro vingt, ou Arthur Morris, du numéro dix-huit. Margie n'en démordait pas : la mission secrète de son père mettrait rapidement fin à la guerre, sauf qu'Alfie n'en croyait pas un mot.

Son père était mort.

Alfie avait volé la boîte à cirage de M. Janáček pour une seule et unique raison : travailler comme Leonard Hopkins et apporter son soutien à sa mère. Margie donnait son écot et bien davantage ; il était temps qu'il donne le sien.

Le lendemain était un mercredi, aller à l'école ne s'imposait pas : ni cours d'histoire ni de lecture ce jour-là. Alfie avait attendu que Margie parte pour son premier jour de formation à l'hôpital avant de sortir la boîte de son armoire. Il l'avait ouverte pour vérifier que tout était en place ; il avait fait sa toilette, s'était habillé, avait pris son petit déjeuner et quitté la maison.

La gare de King's Cross n'était pas très loin à pied de Damley Road et Alfie suivait le trajet devenu familier en changeant la boîte de main quand elle devenait trop lourde. Il se sentait homme d'expérience, un vrai travailleur, comme son père l'avait été jadis, se levant avant l'aube pour conduire la citerne de lait. En croisant d'autres travailleurs dans la rue, il avait eu envie de porter la main à sa casquette pour les saluer mais avait préféré s'abstenir par peur du ridicule.

Une fois dans la gare, il s'était soudain senti submergé par une vague d'émotion. L'unique et dernière fois qu'il y avait mis les pieds, c'était avec son père, l'un des jours suivant son engagement. La gare grouillait alors de monde. Les vendeurs de journaux pullulaient – les tirages étaient montés en flèche à ce qu'il paraît au cours du mois de juillet 1914, parce que tout le monde voulait savoir ce qui l'attendait. Des centaines de personnes montaient dans les trains ou en descendaient. Le bruit des locomotives à vapeur était assourdissant et la gare se remplissait d'une fumée aussi épaisse que la purée de pois qui enveloppait Londres la plupart du temps. Georgie ne portait pas son uniforme de soldat ce jour-là. Il l'avait laissé dans la penderie à la maison et ne l'avait pas remis depuis la fois où il était entré dans le salon à la surprise de tous.

– Tu sais, lui avait dit Georgie au milieu du hall de gare, le regard tour à tour sur les quais et les plafonds immenses, attentif aux sifflets des contrôleurs. Pendant un temps, j'ai caressé l'idée d'être conducteur de train. J'avais même postulé pour le Londres-Édimbourg mais je n'ai pas été pris.

– Pourquoi ? avait demandé Alfie en levant les yeux vers son père.

– Je ne faisais pas l'affaire, paraît-il, avait-il répondu en haussant les épaules. Va savoir. C'est une clique de snobs, ces conducteurs de train ! Ils se croient au-dessus de tout le monde parce qu'ils portent l'uniforme. Mais c'est faux.

– Toi aussi, tu vas en porter un, avait dit Alfie.

Georgie avait ri et lui avait ébouriffé les cheveux, bien que, pour Alfie, ce ne fût pas une plaisanterie.

– Je suppose que oui, avait répondu Georgie. Attends une seconde… Puisque nous sommes ici, j'ai une petite affaire à régler.

Ils s'étaient dirigés vers les guichets, où une foule de gens faisait la queue. Tout au bout de la rangée, en face de Georgie et d'Alfie, trois tables étaient alignées sur le quai qui n'était pas fermé au public. Derrière chacune d'elles, un militaire, penché sur un registre, prenait des notes.

– Le bonjour ! avait lancé Georgie en allumant une cigarette tandis qu'il s'avançait vers la table du centre.

L'homme qui s'y tenait devait avoir dix ans de plus que Georgie, il avait des cheveux noirs, partagés par une raie bien propre sur le côté et il les avait enduits d'une telle quantité de Gomina que le peigne avait laissé des traces semblables aux sillons dans un champ fraîchement labouré. Alfie avait soudain entendu quelqu'un pousser un sifflement admiratif, il s'était retourné et avait découvert Leonard Hopkins, agenouillé auprès de sa boîte à cirage, lorgnant une fille. De surprise, celle-ci avait fait volte-face et lui avait souri, avant d'être entraînée au loin par sa mère.

– Que puis-je pour vous ? avait demandé l'homme derrière la table.

– Moi, c'est Georgie Summerfield. On m'a dit de me présenter pour organiser mon transport.

– Vous êtes une nouvelle recrue, n'est-ce pas ?

– C'est exact.

L'homme derrière la table avait hoché la tête mais son expression était grave. Il avait jeté un coup d'œil aux deux militaires qui l'entouraient, ceux-ci avaient échangé un regard amusé avant de secouer la tête et de retourner à leurs registres.

– Bien, mon garçon, avait dit l'homme du milieu. Tout ceci est nouveau pour vous, semble-t-il. Par conséquent, je suppose que vous ne savez pas comment les choses se font par chez nous. Pour commencer, retirez cette cigarette de votre bouche et écrasez-la.

Georgie avait regardé l'homme avec des yeux ronds et Alfie avait lancé le même regard à Georgie.

Quelque chose avait changé dans l'expression de son père ; il avait subitement pris conscience que, désormais, la vie serait différente. Il s'était exécuté, avait jeté sa cigarette par terre et l'avait écrasée sous le talon de sa chaussure. Alfie avait remarqué un tremblement dans ses mains.

– À présent, redressez-vous et regardez droit devant vous ! C'est bien. Vous n'êtes pas un animal dans la jungle. On se tient toujours droit.

Georgie avait rectifié sa position, en se redressant de toute sa hauteur, les épaules rejetées en arrière, les yeux fixés au loin. À côté de lui, Alfie l'avait imité. Sa tête arrivait à la hauteur de la taille de son père.

– Voilà qui est mieux. Et maintenant, reprenons depuis le début, voulez-vous ? Je suppose que ce que vous vouliez dire, c'est : « Bonjour, sergent. »

– Oui, sergent, avait répondu Georgie.

– Vous vous appelez comment déjà ?

– Georgie Summerfield.

Le sous-officier avait haussé un sourcil, reposé son stylo sur son bureau et regardé le père d'Alfie d'un air contrarié.

– Georgie Summerfield, sergent, avait soufflé Alfie.

– Georgie Summerfield, sergent, avait répété Georgie d'un ton résigné.

Le sergent avait acquiescé et parcouru une liste de noms sur son registre.

– Damley Road ? avait-il demandé en relevant la tête.

– C'est exact, sergent.

– Vous avez de la chance, Summerfield. Vous avez quelques jours encore. Mercredi matin. Huit heures. Départ de la gare de Liverpool Street. Caserne d'Aldershot. Entraînement de base huit semaines. Prenez ceci avec vous pour mercredi – il lui avait tendu un billet –, vous ne pourrez pas nous louper sur le quai numéro quatre. Votre matricule : 14278. Ne soyez pas en retard, vous serez gentil. On appelle cela de la désertion.

– C'est exact, sergent.

Le sergent s'était tourné vers Alfie.

– Et qui est ce petit bonhomme ?

– C'est mon fils, Alfie.

– Tu es fier de ton père, Alfie ? avait demandé le sergent, mais Alfie n'avait pas répondu. Tu le seras un jour, avait-il ajouté en les congédiant.

– Je croyais que nous devions aller voir les trains, s'était plaint Alfie sur le chemin du retour.

– C'est ce que nous avons fait.

– Pas du tout, avait dit Alfie en lâchant la main de son père.

Alfie revenait à la gare de King's Cross pour la première fois depuis ce fameux jour. Il avait jeté un coup d'œil circulaire au hall et se rappelait l'endroit où se trouvait le sergent, mais les tables avaient disparu. Les guichets, eux, n'avaient pas bougé. De nombreux soldats traversaient le hall. Certains étaient assis par petits groupes à proximité du salon de thé, leur paquetage posé par terre à côté d'eux. D'autres descendaient d'un train, guettant du regard la présence d'un proche. Le martèlement cadencé des locomotives était plus fort que jamais – papa-est-mort-papa-est-mort-papa-est-mort – et Alfie s'était demandé si les employés de la gare l'entendaient.

Son attention avait été attirée par le jeune Tommy assis au milieu du quai, un sac sur le dos et la joue barrée d'une profonde cicatrice rouge. Il devait avoir vingt ans et son expression était impénétrable ; on aurait dit qu'il avait vu un fantôme et ne savait pas comment l'annoncer aux autres, de peur qu'on ne l'enferme dans un endroit dont on jetterait ensuite la clé. Quelques minutes plus tard, deux personnes plus âgées que lui, un homme et une femme – ses parents, Alfie en était certain –, s'étaient précipitées vers lui. Les voyant arriver, le soldat avait laissé tomber son sac et son visage s'était décomposé. Il avait paru sur le point de défaillir mais n'en avait pas eu le temps, retenu de chaque côté par son père et sa mère, avant de fondre en larmes sur leurs épaules, à gros sanglots. Ses parents l'avaient entouré, formant une protection autour de lui, caressant ses cheveux et lui murmurant des mots de réconfort. Quand ils s'étaient remis en route, le garçon était resté entre eux deux. Ils se tenaient serrés tellement fort les uns contre les autres qu'ils semblaient près de tomber. Le père avait mis son bras autour des épaules de son fils et la mère lui entourait fermement la taille. Alfie les avait observés un long moment avant de prendre conscience qu'il ne devait pas les dévisager, et il avait tourné la tête.

D'un rapide coup d'œil, il avait constaté avec satisfaction qu'aucun autre cireur de chaussures n'officiait dans la gare. Leonard Hopkins était parti depuis longtemps et personne n'avait pris sa place, semblait-il. Alfie avait choisi un espace au pied d'un pilier, à distance égale des guichets à gauche, des quais à droite et du salon de thé dans le coin. Il s'était assis par terre, avait ouvert la boîte de M. Janáček, sorti son matériel (brosses, chiffons, éponges et cirage) et refermé le couvercle. Puis, il avait retiré sa casquette, l'avait retournée et posée par terre à côté de lui, y avait jeté quelques pièces – trois pièces d'un demi-penny – pour donner l'illusion qu'il avait déjà eu des clients. Enfin, il avait levé la tête et crié à pleins poumons :

– Cireur ! Qui veut faire cirer ses chaussures !

En rentrant à la maison ce jour-là, il avait trouvé Margie assoupie dans le salon, elle avait l'air épuisée. Il était monté dans sa chambre et avait rangé la boîte dans son armoire. Puis il était descendu à la cuisine se laver les mains au savon de Marseille. Après un premier nettoyage, il les avait reniflées, elles sentaient toujours le cirage ; il avait dû recommencer l'opération. Le résultat n'était pas plus concluant, mais il ne pouvait rien faire de plus. Ses mains étaient aussi propres que possible. Alfie avait mal au dos à force d'être resté penché toute la journée et il avait des courbatures dans les bras. La guerre avait beau faire rage, il se trouvait toujours un nombre surprenant de gens désireux d'avoir des chaussures impeccables.

En jetant un coup d'œil dans la cuisine, son cœur s'était serré. Tous les dossiers des chaises étaient occupés par les taies d'oreiller de Mme Gawdley-Smith et dehors, dans la cour, ses draps ainsi que quelques sous-vêtements pour le moins curieux séchaient sur la corde à linge. Margie ne détecterait jamais l'odeur de cirage sur ses mains. La maison sentait la lessive à plein nez.

Il avait trouvé son porte-monnaie dans son sac à la cuisine, il l'avait ouvert et avait regardé à l'intérieur. Il ne contenait que quelques pièces. Alfie avait plongé sa main dans sa poche et sorti ses gains de la journée, dont il avait versé la majeure partie dans le porte-monnaie – assez d'argent pour que Margie soit contente de le trouver mais pas trop, pour qu'elle ne se pose pas de questions sur son origine. Il avait rapporté le reste dans sa chambre et l'avait caché dans une boîte au fond de son tiroir à chaussettes en prévision des mauvais jours. Puis il s'était effondré sur son lit et avait fermé les yeux.

La soirée commençait à peine, le soleil brillait encore, mais Alfie s'était endormi tout habillé sur son lit pendant que Margie ronflait dans le fauteuil bancal devant l'âtre.

Jamais cela ne serait arrivé avant la guerre.

5

Quand cette foutue guerre sera finie

Alfie commençait à travailler à huit heures, un des moments les plus animés à la gare de King's Cross. Il s'installa à son emplacement habituel avec vue sur les quais, les guichets et le salon de thé. Il prépara un siège pour ses futurs clients, jeta sa casquette retournée par terre et guetta le premier chaland de la journée. Pour s'occuper, il sortit *Robinson Crusoé* de sa poche et reprit sa lecture là où il l'avait interrompue la veille. Les bords du livre étaient un peu écornés, le papier déchiré, mais les mots étaient intacts.

– Bonjour, Alfie !

Il leva les yeux et vit, posté devant lui, M. Podgett, le directeur d'une banque du quartier qui venait toutes les semaines faire cirer ses chaussures.

– Bonjour, monsieur Podgett, répondit Alfie.

– Comme d'habitude, dit celui-ci en s'asseyant.

Puis il déplia son journal, posa le pied sur la planchette prévue à cet effet et poussa un grand soupir d'aise.

Alfie examina les chaussures marron foncé ; elles étaient un peu poussiéreuses et le bout affichait quelques éraflures qui n'y étaient pas la semaine précédente.

– Il fait froid ce matin, n'est-ce pas ? Il faut dire qu'on est presque en novembre. Ce n'est certes pas la saison des vagues de chaleur, dit M. Podgett.

Alfie prit un chiffon à dépoussiérer et le passa sur la chaussure gauche de son client ; il préleva un peu de cirage dans le pot à l'aide du chiffon à lustrer et l'étala en couche uniforme sur toute la surface. Puis il choisit une brosse en crin de cheval et en donna de petits coups rapides sur la surface cirée. Il aimait l'odeur du cirage ; elle lui rappelait ses visites au numéro six quand il allait jouer avec Kalena. La maison sentait toujours le cirage.

– Les nouvelles sont meilleures aujourd'hui, annonça M. Podgett en parcourant les gros titres. On dirait que les choses tournent en notre faveur pour une fois. Peut-être que cette guerre de malheur va bientôt finir après tout. Ce matin, j'ai dit à Mme Podgett : « Madame Podgett, si tu veux mon avis, d'ici quelques mois, ce sera fini. » Bien sûr, elle s'est plainte que je répète toujours la même chose et que la guerre ne se termine jamais, elle n'a pas tort, mais cette fois, j'y crois vraiment.

Alfie ne fit aucun commentaire. Il savait par expérience que M. Podgett aimait dégoiser sans être interrompu. Il était préférable de se taire tant qu'il ne lui posait pas de question directe qui appelait une réponse.

– Notre fils, Billy, est toujours au front, bien sûr, ajouta-t-il un peu plus tard. Je t'ai parlé de Billy, n'est-ce pas ? Il se trouve quelque part en Belgique avec son bataillon. Je ne peux pas te dire où, bien sûr. Tout cela est top secret, chut ! Motus et bouche cousue ! Il a plus de cent hommes sous ses ordres, c'est incroyable. Il s'est toujours montré très responsable et consciencieux, même quand il était petit. Il ne nous a jamais posé de problème. Tu es pareil, j'imagine, n'est-ce pas, Alfie ? Tu fais honneur à ta famille.

– Ma mère dit que j'ai le diable au corps.

– Je suis certain que tu ne le fais pas exprès. Mais Billy a toujours été sage, ce n'est donc pas étonnant qu'on lui ait confié de telles responsabilités. Je te l'accorde, il y a eu cet incident la fois où nous sommes allés en Cornouailles rendre visite à sa tante Harriet. Le fils Cattermole et lui s'étaient bagarrés comme des chiffonniers, c'était à la fois grave et rien du tout, comme je dis toujours, et cela n'aurait jamais dû faire tant d'histoires. Le garçon s'en était très bien tiré. Ce n'est pas comme s'il avait passé plus de quelques jours à l'hôpital. Quant à la fille, celle qui prétendait avoir tout vu, c'est une gourgandine, c'est de notoriété publique. On jase sur son compte – je n'en dirai pas plus, Alfie, pour ne pas choquer tes jeunes oreilles. Mais pour être honnête, il n'y a pas de fumée sans feu. Il n'est pas dur d'imaginer qu'elle les ait montés l'un contre l'autre. Tu es déjà allé en Cornouailles, Alfie ?

– Non, monsieur.

– Une magnifique région ! Où pars-tu en vacances, alors ? Dans la région des lacs ? Au pays de Galles ? Quelque part dans le nord du pays ?

Alfie réprima son envie de rire. Les adultes posaient parfois des questions stupides. Il n'était jamais parti en vacances de sa vie. Y faisait-on la même chose que les jours ordinaires, mais dans un endroit différent ? S'il partait en vacances en famille, cirerait-il des chaussures sur la jetée de Blackpool ? Mamie Summerfield glanerait-elle quelques ragots à Stonehenge ? Margie se battrait-elle pour joindre les deux bouts sur l'île de Wight ?

– Au bout du compte, les choses ont drôlement bien tourné pour le fils Cattermole, continua M. Podgett sans attendre la réponse d'Alfie. Harriet m'a raconté qu'il avait été dispensé de guerre à cause de sa jambe, elle n'aurait pas guéri convenablement, mais cela n'a sûrement rien à voir avec Billy. Ce Cattermole s'est peut-être blessé à dessein pour échapper à la conscription. On entend ce genre d'histoire un peu partout, n'est-ce pas ? C'est scandaleux. J'ai plus de respect pour un objecteur que pour ce genre d'individu. Pour ma part, je pense que Billy lui a fait une fleur, et regardez-le maintenant ! Quelque part au milieu de l'Europe, conduisant cinq cents hommes à travers les zones de danger, préférant le bien de son pays à sa propre sécurité. Il a écrit à sa mère ces jours-ci, il espère que la guerre ne finira jamais, tant il aime se battre, mais il ne le pense pas. Tout le monde veut que la guerre finisse. Mme Podgett a éclaté en sanglots en lisant sa lettre. Elle a dit que c'était notre faute s'il était devenu comme il était, mais je lui ai répondu : « Alice, qu'est-ce que tu racontes ? Notre fils a mille soldats sous ses ordres et il a fait preuve de sa valeur à maintes reprises, il mène des hommes courageux à la bataille, il écrit aux parents de tous ceux qui se font tuer. Il ne peut même plus faire de prouesse avec toute cette correspondance. » Non, c'est un garçon bien, Alfie, je suis fier de lui. Mais il est dit là – et il tapota le journal – que les choses s'améliorent et que la fin n'est pas loin. Ce serait formidable, n'est-ce pas ? Tu veux que la guerre s'achève, je suppose ?

Alfie hocha la tête. Il avait terminé la chaussure gauche et commencé la droite. C'était une question directe. Elle appelait une réponse.

– Oui, monsieur.

– Évidemment. Tout le monde veut qu'elle s'achève. Sapristi, mon garçon, c'est ce que j'appelle une chaussure bien cirée. Tu devrais en faire profession.

– C'est déjà le cas, marmonna Alfie.

– J'ai parlé de toi à tous mes collègues de la banque.

Tu as dû en voir débarquer quelques-uns. Pour sûr, tu devrais me verser une commission. Ou du moins me cirer les chaussures gratuitement de temps à autre.

Il rit mais Alfie était certain qu'il ne plaisantait pas. Il baissa la tête et continua à frotter.

– Terminé ? demanda M. Podgett quand Alfie passa un dernier coup de chiffon et se redressa pour admirer son travail.

– Oui, monsieur.

– Très bien.

M. Podgett se leva et jeta un penny dans la casquette d'Alfie, puis il resta indécis quelques instants.

– J'ai fait tout ce que j'ai pu pour lui, déclara-t-il enfin en parlant plus bas qu'à son habitude. Peut-être que, si je pouvais revenir en arrière… mais c'est impossible, n'est-ce pas ?

Il secoua la tête et se mit presque à chuchoter.

– Même si on le voulait.

Alfie le fixa avec de grands yeux, ne sachant pas ce que M. Podgett attendait de lui, mais celui-ci se contenta de secouer encore la tête, un voile de tristesse parcourant son visage.

– Tu me rappelles un peu Billy quand il était petit. Il avait un visage ouvert, comme toi. Il a été gentil un temps. Bref…, soupira-t-il, avant de jeter un coup d'œil à l'horloge de la gare. Je ferais mieux de me mettre en route. Même heure la semaine prochaine, Alfie ? Tu seras là ?

– Oui, monsieur.

– Très bien, dit M. Podgett en levant la main en signe d'adieu. Et en attendant, Alfie, *auf Wiedersehen*, comme diraient nos amis teutons.

Ce qui n'était pas très malin, car trois têtes se retournèrent aussitôt et un homme alla trouver un policier à qui il chuchota quelque chose à l'oreille. Un instant plus tard, le policier suivait M. Podgett hors de la gare en direction des rues animées.

À onze heures, Alfie avait ciré trois paires de chaussures et dépensé un demi-penny pour s'acheter un feuilleté à la saucisse au salon de thé. Ce qui lui laissait deux pence et un demi-penny sur ce qu'il avait gagné jusque-là. Il avait vu un homme à qui l'on interdisait de monter dans le Londres-Cambridge pour cause d'ébriété, et une petite fille, plus jeune que lui d'un an à peu près et qui tenait une vieille dame par la main, lui avait tiré la langue.

Un homme avec une moustache d'un roux vif avait placardé dans toute la gare des affiches pour le recrutement. Sur l'une d'elles, on voyait une image de Londres la nuit avec Big Ben et la cathédrale Saint-Paul au premier plan et cette légende : MIEUX VAUX AFFRONTER LES BALLES QUE SE FAIRE TUER PAR UNE BOMBE CHEZ SOI. Une autre montrait un Tommy souriant avec un fusil sur le dos et cette mention : SUIS-MOI ! LE PAYS A BESOIN DE TOI. Alfie doutait que les soldats soient aussi heureux dans la vraie vie.

Midi venait de sonner quand un jeune homme

passa devant son stand ; il lui jeta un coup d'œil, continua son chemin, puis s'arrêta une seconde pour regarder l'heure à l'énorme horloge du hall. Il vérifia son billet, se retourna vers Alfie, puis baissa les yeux sur ses chaussures. Il devait avoir vingt-cinq ans et tenait une canne à la main gauche. Il revint vers Alfie en traînant un peu sa patte folle. Alfie s'efforça de ne pas le dévisager. Le jeune homme portait un costume sombre, une chemise blanche immaculée et une cravate noire, avec lesquels il semblait très mal à l'aise.

– Ces chaussures ont besoin d'un bon coup de brosse, dit le jeune homme, dont la voix trahissait un mélange de raffinement et d'inquiétude.

L'instant d'après, il riait et Alfie ignorait pourquoi, à croire qu'il se racontait une blague. Le jeune homme s'assit, posa le pied gauche sur la planchette, et Alfie se mit au travail.

– Tu as eu du monde, ce matin ? demanda le jeune homme.

– Pas beaucoup, répondit Alfie en levant la tête. Le mardi est toujours calme. Je ne sais pas pourquoi. Le lundi est le jour le plus chargé, parce que tout le monde veut avoir des chaussures propres pour commencer la semaine, mais hélas je ne travaille pas le lundi.

– Une raison particulière ?

– C'est histoire à l'école le lundi. Je n'aime pas manquer le cours.

Le jeune homme rit.

– Excellente raison. Je n'étais pas bon en histoire. Je n'ai jamais rien compris aux rois, aux reines, aux batailles et aux guerres. Toutes ces histoires de ducs dans la Tour de…

– De princes, rectifia Alfie.

– Qui les avait enfermés là ? Richard II ?

– Richard III, répondit Alfie.

– Des nombres et des noms, c'est tout ce que c'était pour moi, des nombres et des noms. C'est formidable que tu aimes l'histoire. Au fait, je m'appelle Wilf.

– Alfie, répondit-il en songeant que rien ne changeait jamais ; plus de quatre cents ans plus tard, tout se réduisait à nouveau à des nombres et à des noms.

– Enchanté, Alfie. Frotte-les bien, tu seras gentil. Je ne peux pas me présenter avec des chaussures sales. Je les ai sorties de l'armoire ce matin. J'étais stupéfait de voir leur état, je ne les ai pas portées depuis des lustres.

Alfie jeta un coup d'œil à son client tout en passant l'éponge sur le bord de la chaussure. Il se fit la réflexion que, depuis qu'il avait commencé à travailler à King's Cross, il avait appris à distinguer d'instinct le client qui avait envie de parler de celui qui voulait qu'on le laisse tranquille. Les hommes comme M. Podgett adoraient s'entendre deviser. D'autres, comme Wilf, n'étaient pas contre un brin de causette. Et selon Alfie, cela faisait partie du travail.

– Vous allez dans un endroit agréable, monsieur ? demanda-t-il.

– Cheltenham, répondit Wilf. Un endroit agréable, mais pas pour une raison agréable.

Alfie comprit aussitôt pourquoi le jeune homme était en noir.

– Les obsèques de mon frère. Mon jeune frère, Alistair. Son corps a été rapatrié ce week-end.

– Je regrette, dit Alfie.

– Oui, moi aussi, répondit Wilf, la gorge serrée. Il n'avait que dix-huit ans, c'était le plus jeune d'entre nous et le plus joyeux. Je l'avais vu un mois plus tôt. Il quittait Aldershot pour Calais. Je suis allé à Southampton afin de lui souhaiter bonne chance.

En entendant le nom « Aldershot », Alfie cessa de frotter. Aldershot était la première destination de Georgie : celle du camp d'entraînement. Il y était resté deux mois, on lui avait appris à se battre, à tuer, avant d'être envoyé en France, d'où il leur avait écrit toutes les semaines pendant près de deux ans avant de cesser brutalement. Margie avait alors prétendu qu'une mission secrète pour le gouvernement empêchait Georgie d'envoyer des lettres à sa famille.

Selon Alfie, c'était une façon de lui faire comprendre que son père était mort sans lui avouer la vérité.

– Alistair s'est fait tuer peu de temps après son arrivée, pauvre bougre ! poursuivit Wilf. Je ne sais pas si, pour lui, c'était une bénédiction ou une tragédie. Il ne sera pas obligé de passer des années dans les tranchées comme certains malheureux au front. Il en est sorti pour de bon, cette fois.

– Que lui est-il arrivé ? demanda Alfie en regardant Wilf, conscient qu'il ne devrait pas poser ce genre de questions, mais les mots étaient sortis de sa bouche sans qu'il puisse les retenir.

– Je ne sais quel sergent imbécile l'a fait sortir de la tranchée en pleine nuit comme brancardier. C'est une mission suicide ! Ramasser les cadavres. Personne n'y survit. On devrait instaurer une heure d'armistice pour permettre aux deux camps d'aller chercher les soldats tombés au combat. Je l'ai proposé une fois au QG et les généraux m'ont regardé comme si j'avais agité le drapeau blanc de la reddition. Tout ce que je voulais, c'était un peu de civilité dans un monde qui n'en a plus. Alistair n'a rien senti et c'est ce qui compte sans doute. Mais bon sang ! Ils ont pris leur temps pour rapatrier le corps. Les obsèques ont lieu aujourd'hui. Le ministère de la Guerre ne m'a accordé qu'une journée. Alors, je fais juste l'aller et retour à Cheltenham, je ne pourrai même pas passer un moment avec ma famille. Il faut que je sois à mon bureau demain à la première heure, sinon ça va barder !

Alfie jeta un coup d'œil à la canne de Wilf qui reposait contre le siège à côté de lui. Il laissa son regard s'y attarder avant de se rendre compte que Wilf l'avait surpris.

– Tu te poses des questions ? demanda-t-il. À cause

de cela, j'ai été tenu en dehors des combats les deux dernières années. J'ai pris une balle dans le fémur d'un tireur isolé aux portes de Mons. Je suis resté une semaine ou deux dans un hôpital de campagne où les médecins ont essayé de sauver ma jambe. Rien n'y a fait, bien sûr. Ils auraient économisé du temps et de l'énergie en m'amputant le jour de mon arrivée au lieu d'attendre deux longs mois.

Alfie s'arrêta net de frotter le cuir, ses mains figées au-dessus de la chaussure gauche de Wilf.

– Eh oui ! c'est une jambe artificielle, dit-il. N'aie pas peur. Il n'y a rien à craindre.

Alfie secoua la tête et retourna à son lustrage.

– Je n'ai pas peur, dit-il à mi-voix.

– Nous vivons une drôle d'époque pour qu'un homme ait besoin de faire cirer une chaussure sur une jambe artificielle, dit Wilf en ébauchant un sourire. Il faut sauver les apparences. C'est ce qu'on nous répète sans cesse, en tout cas. C'est étrange, je suis très content d'en être sorti et en même temps j'ai l'impression de manquer à mon devoir en étant coincé ici, derrière un bureau au ministère de la Guerre. On m'a repris mon uniforme, j'ai dû mettre un costume. Ils ne se rendent pas compte de ce qu'un homme de mon âge habillé en civil doit affronter. Les regards qu'on me lance ! L'autre jour, une femme est venue vers moi en plein Piccadilly Circus, elle n'avait peut-être pas vu ma canne. Elle a ouvert son sac à main et, devant tout le monde, elle… elle…

Il secoua la tête, la bouche tordue par la colère et le chagrin.

– Pourquoi font-elles cela ? marmonna-t-il. Elles ne comprennent rien.

Tant de chagrin et de colère mirent Alfie mal à l'aise. Il remarqua une petite fissure dans la pupille marron du jeune homme, une marque de naissance.

– Tu as des grands frères au front ? demanda Wilf l'instant d'après, et Alfie secoua la tête. Ton père, alors ? Pardon, je ne devrais pas te le demander. Cela ne me regarde pas.

– Vous les trouvez comment ? demanda Alfie d'un air soulagé en indiquant les chaussures qu'il avait enfin terminées.

– C'est parfait ! Je n'aurais pas fait mieux.

Le jeune homme sortit un penny de sa poche et le jeta au milieu de la casquette d'Alfie. La pièce tinta en ricochant sur les autres.

– Merci, dit-il.

Il se leva et prit sa canne. Il ouvrit la bouche pour ajouter quelque chose mais se ravisa et partit sans ajouter un mot vers le quai six. Alfie le suivit des yeux jusqu'à ce qu'il soit happé par la foule, puis il remit de l'ordre dans le matériel étalé à ses pieds et attendit le prochain client.

Alfie ne mangea pas grand-chose au déjeuner. Rester penché sur la boîte toute la journée lui coupait l'appétit. L'odeur du cirage et la vapeur des locomotives, qui lui irritait la gorge, n'y étaient pas pour rien. Pourtant, il savait qu'il ne pourrait travailler aussi dur l'après-midi le ventre vide, et il s'acheta une tourte à la viande et aux rognons à la buvette. La pâte était sèche, indigeste, et la sauce l'emportait sur la viande – il aurait parié qu'il n'y avait qu'un morceau de bœuf et deux bouts de rognon tendineux – mais il était calé.

L'après-midi, les affaires déclinèrent et il fit plus froid. Un vent violent s'engouffra dans le hall par la sortie qui donnait sur Euston Road et tourbillonna autour des quais, obligeant les voyageurs à resserrer les pans de leurs manteaux. Entre deux et quatre heures, les clients étaient toujours rares, ce qui permettait à Alfie de passer plus de temps sur l'île Esperanza en compagnie de *Robinson Crusoé*. Mais, en début de soirée, l'affluence allait revenir et, avec elle, peut-être un client ou deux.

Vers trois heures et demie, un homme mince, d'âge mûr, vêtu d'un uniforme militaire marron fraîchement repassé, s'assit sans un mot et posa son pied droit sur la tablette. Alfie ne dit rien et se mit au travail, tandis que l'homme sortait une chemise de sa serviette et se plongeait dans un épais dossier en secouant la tête et jurant dans sa barbe à tout bout de champ. En entendant un juron plus osé que les autres, Alfie laissa échapper un petit rire et fit tomber son pot de cirage. L'homme reposa aussitôt son dossier et fixa Alfie.

– Pardon ? dit l'homme.

– Excusez-moi, monsieur.

L'homme secoua la tête.

– Non, c'est moi, dit-il. Je parlais encore tout seul ?

Alfie acquiesça et l'homme rit.

– C'est une de mes habitudes. Ma femme me le reproche souvent.

Il abandonna son dossier un instant et observa Alfie qui faisait briller le talon de sa chaussure gauche à l'aide d'un chiffon.

– Tu te débrouilles bien. Cela fait longtemps que tu es cireur ?

– Plus d'un an.

– Dieu tout-puissant ! Et tu as quel âge, mon garçon ?

– Neuf ans, monsieur.

– Neuf ans et tu gagnes déjà ta vie. On se croirait revenu à l'époque de Dickens. Tu as lu Dickens ?

– Non, monsieur.

– Tu lis des livres ?

– Oui, monsieur.

– Quoi ?

– *Robinson Crusoé*.

– Je ne l'ai pas rouvert depuis mon enfance. Lis *Oliver Twist* ou *Nicholas Nickleby*. Je te promets que tu les aimeras. Je lis ce nouvel auteur dont on parle, D. H. Lawrence, mais ce n'est pas encore de ton âge. Au fait, tu ne devrais pas être à l'école ?

Alfie leva la tête mais ne dit rien. L'homme haussa les épaules et détourna les yeux.

– Cela ne me regarde pas, sans doute. J'ai déjà assez de soucis comme cela sans avoir à me préoccuper de tous les va-nu-pieds que je croise sur mon chemin.

Du cirage s'était accumulé entre les poils de sa brosse; Alfie la secoua, puis la frotta par terre pour en retirer l'excédent, laissant une trace grasse sur le carrelage. L'homme se tut tandis qu'Alfie s'activait, mais il reprit la lecture de ses dossiers, tournant les pages rapidement, rédigeant des notes ou rayant certains passages à grands traits avec un stylo plume de valeur. Le vent qui soufflait de la rue gagna en force, un courant d'air violent traversa la gare et, juste au moment où l'homme passait à une autre page, son dossier lui échappa des mains et tous ses documents s'éparpillèrent dans le hall.

– Oh ! s'écria-t-il en se levant d'un bond – il manqua d'assommer Alfie en retirant son pied de la boîte à cirage. Mes papiers ! Je ne peux pas me permettre de les perdre. Aide-moi, tu seras bien gentil. Ramasses-en autant que tu peux avant qu'ils ne s'envolent.

Alfie courut dans toute la gare, rapportant de pleines poignées de feuilles; il y en avait partout – près du salon de thé, dans le coin des guichets, devant le marchand de tabac, contre le kiosque à journaux. Mais il en rattrapa des quantités et se retrouva bientôt avec plus de quarante feuilles. En vérifiant qu'aucune autre ne s'était nichée ailleurs, ses yeux tombèrent sur celle qu'il tenait précisément à la main.

Il s'agissait d'un document officiel, à l'en-tête élégant imprimé sur du beau papier : HÔPITAL D'EAST SUFFOLK & IPSWICH, suivi d'une devise en latin, bien que plus personne ne parle latin. En dessous, tapé à la machine, le titre disait :

Rapatriés – compte rendu d'une page

Et à la ligne, en caractères plus petits, la phrase :

Se reporter au dossier 3 (b) pour l'évaluation complète des malades.

Le texte était divisé en deux colonnes, une à gauche et une à droite, dans lesquelles s'échelonnaient des noms et des matricules, ainsi qu'un autre numéro qui devait se rapporter au dossier 3 (b), jugea Alfie. Il n'avait pas eu l'intention de se montrer indiscret – il n'était pas intéressé par tous ces noms –, mais cette feuille était noircie de mots ; or, d'aussi loin que remontent ses souvenirs, chaque fois qu'il tombait sur une feuille sur laquelle couraient des mots, il ne pouvait résister à l'envie de les lire. Il parcourut la liste de noms et s'arrêta aussitôt sur l'un d'entre eux.

Alfie cilla, n'en croyant pas ses propres yeux, et faillit laisser tomber les papiers qu'il venait de ramasser. Juste au même moment, son client s'avança vers lui et lui prit les documents des mains.

– Ils y sont tous, dit-il avec un dernier regard pour

le hall, avant de les glisser dans son dossier. Merci pour ton aide. Combien je te dois ?

Alfie resta bouche bée ; il dévisagea l'homme. Il ne trouvait plus ses mots. Tant de choses tournaient dans sa tête.

– Que t'arrive-t-il ? Tu as avalé ta langue ?

Alfie demeura silencieux. L'homme haussa un sourcil et secoua la tête, comme pour signifier qu'il ne pouvait plus perdre de temps à ces enfantillages.

– Disons un penny, entendu ? dit-il en lançant une pièce dans la casquette d'Alfie, puis il ramassa sa serviette et tourna les talons, mais se ravisa.

– Tu as un problème, mon garçon ? demanda-t-il d'un ton plus compatissant. Je suis médecin, vois-tu. Et on dirait que tu ne te sens pas très bien. Si quelque chose ne va pas, dis-le-moi. Je peux peut-être t'aider.

Alfie secoua la tête.

– Tout va bien, dit-il de la voix rauque qu'il avait le matin quand Margie le réveillait trop tôt.

– Dans ce cas..., dit le médecin en haussant les épaules et en s'éloignant. Merci pour le coup de brosse.

Alfie retourna lentement vers son emplacement et s'assit sur le siège réservé aux clients. Il rassembla ses chiffons, ses brosses, son cirage et les rangea dans la boîte, il retira le repose-pied et le glissa sous le couvercle, qu'il rabattit et fixa à l'aide du fermoir doré. Il se leva, se fraya un chemin vers la sortie et entreprit de rentrer chez lui.

Et tout le trajet, il ne fit que penser à cette ligne qui lui avait sauté aux yeux sur le document à en-tête de l'hôpital d'East Suffolk & Ipswich. Une mention rédigée au milieu de la page, dans la colonne de gauche :

Summerfield, George
Date de naissance : 03-05-1887
Matricule : 14278

6

Pour ma belle et moi

En rentrant chez lui, Alfie se remémora le jour où son père était parti. Georgie avait refusé qu'on l'accompagne à la gare de Liverpool Street.

– Je vois d'ici le tableau, avait-il dit en secouant la tête. Toutes ces mères, ces épouses en train de pleurer dans leur mouchoir, de se donner en spectacle. Disons-nous au revoir ici et finissons-en. Je ne serai pas absent longtemps, de toute façon. Tout sera fini à Noël.

Il partait à la caserne d'Aldershot pour un entraînement de base, et Alfie sentait qu'il était à la fois enthousiaste et inquiet. Depuis qu'il s'était enrôlé, Margie avait refusé de lui parler pendant deux jours, mais avait fini par revenir sur sa décision, comprenant qu'elle ne pourrait rien y changer. Même mamie Summerfield avait cessé de décréter que c'était la fin, cette fois c'était la fin, et s'était mise à dire à qui voulait l'entendre dans Damley Road qu'elle était fière de son fils, le premier à s'être enrôlé, à avoir répondu à l'appel de son roi et de son pays, courage qui le mettrait sûrement à l'abri du danger.

Quand Georgie avait quitté le numéro douze, Margie s'était jetée à son cou et lui avait chuchoté quelque chose à l'oreille qui l'avait fait se mordre la lèvre et la serrer plus fort encore. Des voisins étaient sortis pour lui dire au revoir et Joe Patience lui avait glissé un paquet de tabac Golden Virginia dans la main en lui souhaitant bonne chance.

– Fais comme moi, sois sage, lui avait-il dit, ce qui avait fait rire le père d'Alfie.

– Tu ne vas pas tarder à le suivre, avait lancé mamie Summerfield en regardant tour à tour son fils en uniforme et Joe en pantalon et chemise de travail. Georgie et toi avez toujours été comme larrons en foire. Cela m'étonne que vous ne vous soyez pas enrôlés ensemble.

Son hostilité était manifeste et Joe n'avait pu croiser son regard.

– Il existe d'autres façons de participer à l'effort de guerre, avait-il répondu. Je ne suis pas certain que tuer des gens soit la plus fructueuse.

– Tu pourrais ne pas avoir le choix, avait-elle répliqué. Aujourd'hui, ce sont des volontaires, mais si les choses tournent mal, alors…

– On a toujours le choix, madame Summerfield, avait insisté Joe d'une voix plus sûre. C'est moi qui décide de ma vie, vous le savez.

Mamie Summerfield était devenue rouge de colère, mais Georgie avait décrété que ce n'était pas le jour pour parler politique. Il avait envie de serrer les mains de ses amis et d'embrasser sa famille. Mamie Summerfield s'était tue à regret. Mais il était clair qu'elle en avait encore gros sur le cœur.

La dernière personne à qui Georgie avait fait ses adieux était Alfie, qui attendait, adossé à la fenêtre du salon.

– Tu es l'homme de la maison maintenant, avait-il dit en le regardant droit dans les yeux, et Alfie avait senti son ventre se serrer à la perspective d'une telle responsabilité. Tu prendras soin de ta mère pendant mon absence, n'est-ce pas ? Et de ta grand-mère ?

– Oui, avait répondu Alfie. Mais tu reviendras, dis ?

– Avant que tu te sois rendu compte de mon départ.

Sur ces derniers mots, Georgie s'était éloigné avec son paquetage sur le dos comme s'il allait travailler à la laiterie, puis s'était arrêté et retourné pour faire un signe de la main, avant de disparaître au coin de la rue. Près de quatre ans s'étaient écoulés et Alfie n'avait pas revu son père depuis.

Bien sûr, il y avait eu ses lettres. La première était arrivée d'Aldershot : Georgie racontait qu'il s'était bien amusé pendant le voyage en train et que tout le monde était impatient de savoir ce qui l'attendait. La plupart des volontaires étaient originaires de Londres, mais certains venaient de Norwich et d'Ipswich ; il y avait même un type de Plymouth, arrivé à Londres six mois plus tôt pour travailler sur les lignes de bus. Un certain sergent Clayton était aux commandes ; il les avait fait mettre en rang dans la cour pour se présenter. Ce type se conduisait comme un vrai barbare, disait Georgie. Il hurlait sur ceux qui ne répondaient pas : « Oui, sergent. Non, sergent. À vos ordres, sergent. » Il était secondé par deux caporaux, Wells et Moody, qui l'encadraient et ne soufflaient mot.

Dans le baraquement, il y a deux rangées de dix paillasses de chaque côté. La mienne est près de la porte. À droite, j'ai un gars qui s'appelle Mitchell – il est supporteur d'Arsenal, mais je ne lui en veux pas – et, à gauche, un gars qui s'appelle Jonesy. Et tu ne vas pas me croire, Alfie, mais Jonesy a le livre que M. Janáček t'a offert pour ton anniversaire : Robinson Crusoé *! J'ai failli éclater de rire en le voyant, je te jure.*

Margie rangeait les lettres de Georgie dans un endroit secret, de peur qu'Alfie ne les tripote et les salisse. Quand mamie Summerfield en lisait une, en la tenant à deux centimètres de ses yeux, Alfie voyait bien que Margie regardait sa belle-mère d'un air inquiet, regrettant que celle-ci ne l'ait pas laissée lui lire la lettre à haute voix, comme elle le lui avait proposé.

– On croirait qu'il s'agit d'un grand jeu, avait commenté mamie Summerfield après avoir lu une des premières lettres de Georgie.

Margie s'était empressée de récupérer celle-ci et l'avait glissée entre les pages de sa bible.

– Je croyais avoir élevé un gars intelligent, avait dit mamie Summerfield.

– S'il avait été intelligent, il ne se serait pas enrôlé, avait répliqué Margie.

Bien sûr, les choses étaient différentes maintenant qu'Alfie avait neuf ans. Plus personne ne s'enrôlait. C'était la conscription. Dès qu'on avait dix-huit ans, on était bon. Il fallait partir à la guerre. Alfie passait son temps à imaginer que les choses ne s'arrangeraient pas dans les neuf ans à venir et il était terrorisé à l'idée d'être appelé à son tour. Être marié ne changeait plus rien, il était inutile de conduire sa belle à l'église pour échapper à son devoir. Ceux qui le faisaient passaient leur lune de miel seuls en France.

À moins d'être Joe Patience, cela va sans dire. Ce même Joe qui venait de réintégrer le numéro seize après deux ans d'absence, bien qu'il n'ait pas servi en France et ne se soit pas battu en Belgique. Au lieu de cela, il avait été incarcéré à la prison de Wormwood Scrubs pour avoir refusé d'être soldat. On avait fini par le libérer parce qu'il se faisait tabasser à tout bout de champ. La dernière raclée avait failli le tuer, et cela fit redouter à l'administration pénitentiaire un scandale. Joe était de retour chez lui, mais ne sortait presque jamais et ne jouait certainement plus de la clarinette, assis sur les marches devant sa maison. Mamie Summerfield le traitait de crapule et de lâche,

Mme Milchin prétendait qu'il fallait le pendre au premier réverbère venu. Même Helena Morris, qui en pinçait pour lui autrefois, contestait le fait qu'il ait le droit de vivre dans le voisinage de gens honnêtes et respectables.

Seuls Margie et le vieux Bill Hemperton se souciaient de lui. Margie rappelait toujours qu'il était le plus vieil ami de Georgie et qu'il avait assez souffert en raison de ses convictions, avec ou sans motif valable. Le vieux Bill se contentait de répéter que Joe était son propre maître et que, lui non plus, personne ne lui dicterait sa conduite tant qu'il lui resterait un souffle de vie. Aucune de ces explications ne satisfaisait mamie Summerfield, qui entrait dans une fureur noire dès qu'on prononçait le nom de Joe.

Trois mois après qu'il eut passé le coin de Damley Road, Georgie avait quitté l'Angleterre. En compagnie des nouvelles recrues, il avait pris le train à destination de Southampton, où il avait embarqué pour Calais. Depuis ce temps-là, ses lettres étaient devenues moins fréquentes ; elles arrivaient souvent raturées, ce qui rendait leur lecture difficile, si bien que Margie et Alfie ne parvenaient pas à lire tous les mots.

– Ce sont les chefs, avait expliqué Margie. Ils lisent toutes les lettres ; s'ils découvrent une information qu'ils veulent garder secrète, ils la biffent. Ils refusent que la vérité soit connue. Elle leur fait peur.

Au fil du temps, le ton des lettres de Georgie avait

changé. Quand il était à Aldershot pour l'entraînement, il racontait les blagues qu'ils se faisaient entre eux et les ennuis qu'elles leur valaient de la part du sergent Clayton. Son séjour tenait plus du camp de vacances que d'autre chose, mais, à son arrivée en France, tout avait changé. Il avait cessé de mentionner les autres soldats combattant dans l'armée avec lui, pour ne plus évoquer que sa personne, que ce qu'il ressentait.

C'est horrible ici. Nous passons nos journées à creuser des tranchées de plus de deux mètres de profondeur dans la boue, puis, avant qu'elles s'écroulent, il nous faut monter des murs de soutènement en bois contre les parois. Il paraît que les Allemands renforcent les leurs avec des plaques d'acier. Quand il pleut, les parois s'effondrent un peu et nous devons écoper avec tout ce qui nous tombe sous la main. Je me sers parfois de mon casque mais je ne devrais pas, car c'est le meilleur moyen de prendre une balle dans la tête. Les rats sont partout. Et pire. Je pourrais encore m'habituer aux rats mais je ne connais pas la moitié des bêtes qui circulent. Pourquoi suis-je venu ici ? Je l'ignore. Quelle erreur !

Margie n'avait pas autorisé Alfie à lire cette lettre. Il connaissait pourtant son existence, parce qu'il l'avait vue sur le paillasson portant le tampon du ministère de la Guerre bien visible sur l'enveloppe.

– C'est personnel, avait dit Margie après en avoir

pris connaissance, assise dans le fauteuil bancal devant l'âtre. Cela ne regarde que ton père et moi. Il dit qu'il t'aime et pense à toi tout le temps.

– Lis-la-moi, avait demandé Alfie.

– Non.

– Lis-la !

– J'ai dit non ! avait crié Margie en se levant d'un bond, et Alfie avait sauté en arrière de surprise.

Elle avait fixé son fils, puis avait semblé sur le point de pleurer et avait quitté la pièce en courant.

Margie n'avait pas glissé cette fameuse lettre entre les pages de sa bible. Non, elle l'avait cachée sous son matelas, mais Alfie connaissait toutes les cachettes de sa mère. Il avait attendu qu'elle parte travailler pour la lire. Il l'avait relue cinq fois et, chaque fois, elle l'avait rendu plus triste encore.

Après cet épisode, Margie ne l'avait plus jamais autorisé à lire les lettres de son père, mais elle utilisait toujours les mêmes endroits pour les ranger. Alfie les trouvait toujours et savait où les remettre quand sa mère l'appelait du bas de l'escalier.

Bon sang, Margie, qu'est-ce que je fabrique ici ? C'est abominable. En plus, j'ai fait des choses épouvantables. Parfois, je ne me supporte plus. Je pense à toi et

– Alfie ! Je suis rentrée ! Tu es dans ta chambre ? Descends me raconter ta journée !

Il paraît que nous nous rapprochons des lignes belges, mais j'ai du mal à croire que nous nous rapprochons de quoi que ce soit. Nous creusons toujours plus de tranchées en laissant les précédentes s'effondrer. Puis, quand vient la nuit, le caporal Moody désigne ceux qui doivent sortir. Dix par dix. Dix de plus sur les échelles. Dix de plus au bas de la tranchée. Se plaindre ne sert à rien. Parfois, j'ai l'impression que ce serait plus facile si

– Alfie ! Va voir qui c'est ! Si c'est le laitier, dis-lui que je le paierai la semaine prochaine !

Ma chérie, la nuit dernière, le sergent m'a fait sortir comme brancardier, sous prétexte que j'avais été insolent. À mon avis, ce type ne tourne pas rond. J'ai ramené six corps – affreux à voir. Mais je l'ai fait et j'ai survécu. Seul un brancardier sur cinq passe la nuit. D'habitude, ce sont les objecteurs qui sont de corvée, pas nous. J'ai ramené un gars, Margie, je l'ai mis avec les autres. Ils étaient empilés comme des sacs d'ordures. J'allais partir, quand j'ai vu qu'il avait un œil ouvert. J'ai failli hurler de

– Alfie ! Le dîner est prêt ! Où es-tu ? Dans ta chambre ? Ne laisse pas refroidir ton assiette !

Il s'en passe de drôles ici maintenant, Margie. Huit différents bataillons ensemble. L'autre jour, il est arrivé quelque chose, une sale affaire dans une tranchée allemande dont nous nous étions emparés. Quatre d'entre nous ont reçu l'ordre de rester sur place pour la garder. À notre retour, nous avons appris qu'ils étaient tombés sur un soldat allemand encore en vie et qu'ils l'avaient tué. Et depuis c'est dispute sur dispute pour savoir s'ils avaient eu tort ou raison. Un camarade pense que c'est une honte et que le sergent devrait faire quelque chose. D'autres que cela n'a aucune importance, que ce sont des choses qui arrivent à longueur de temps, alors qu'est-ce que cela change ? Je ne sais pas. Il me semble que si l'Allemand était seul et non armé, les camarades auraient dû le faire prisonnier. Il y a des règles, n'est-ce pas ? et

– Alfie !

Georgie avait cessé d'écrire un an auparavant. À moins que Margie n'ait trouvé un autre endroit où cacher les lettres, mais Alfie en doutait, car il avait cherché partout. La dernière lettre que Margie avait glissée sous son matelas était la plus confuse de toutes. Alfie l'avait relue tant de fois qu'il était capable de la réciter par cœur et pourtant elle n'avait ni queue ni tête.

...: vais-je sortir d'ici, comment ? Ils sont partout, ils sont. Ils me rongent les pieds. J'ai mal aux jambes. Bonzo Daly a oublié de remettre la bâche sur les bidons de lait et les oiseaux s'y sont attaqués. Tu as entendu, n'est-ce pas, Margie, si tu étais la seule fille au monde et moi le seul garçon. Quel âge a-t-il maintenant, huit ans ? Il a dû grandir. Je ne le reconnaîtrais pas. Nous l'avons tué, n'est-ce

pas, parce qu'il se plaignait de tout. Je ne voulais pas en être mais le sergent m'a dit que je n'avais pas le choix, sinon je passais en cour martiale, moi aussi. La tête de Sadler après coup ! Cela m'a fait rire, eh oui. Rien d'autre n'avait d'importance dans le monde aujourd'hui. « Restez où vous êtes et partez ! » – c'est ce qu'il répète à longueur de temps. « Restez où vous êtes et partez ! » C'est absurde. Nous pourrions continuer d'aimer comme autrefois. Peux pas dormir, non ? C'est votre faute, votre faute, bon sang ! Ce mal de tête qui persiste. Il chantait quoi déjà Wells l'autre nuit ? Si tu étais le seul boche dans la tranchée et que j'aie la seule bombe... Aide-moi, Margie, tu ne peux pas ? Aide-moi. Il paraît que ce sera fini à Noël. Ce qu'on ne sait pas, c'est quel Noël. Partout où porte mon regard, je vois

Et c'est alors que plus aucune lettre n'était parvenue et que le silence était tombé.

Margie avait fait un gâteau à Alfie pour son neuvième anniversaire. Il ignorait comment elle s'était procuré de la farine et de la crème, mais elle y était parvenue. Mme Bessworth du magasin de Damley Park avait ses entrées au marché noir. Mamie Summerfield était venue dîner ainsi que le vieux Bill Hemperton, comme quatre ans auparavant, le jour où la guerre avait éclaté. Kalena et M. Janáček étaient absents, bien sûr. Personne n'avait le cœur à la fête. Sur sa carte d'anniversaire, Alfie avait lu : « Joyeux anniversaire, Alfie ! Des baisers de papa et maman. » Joe Patience avait glissé un sachet de bonbons acidulés à la pomme dans la boîte aux lettres et personne n'avait su où il les avait trouvés. Mamie Summerfield avait exigé qu'Alfie les jette mais Margie s'y était fermement opposée.

– Qu'est-ce que tu fais ? lui avait-il demandé ce soir-là, une fois que les invités étaient rentrés chez eux.

Margie était assise sous la lampe à gaz, un panier rempli de linge à ses pieds ; elle faisait courir une aiguille dans une chemise qu'elle tenait près de son visage.

– À ton avis ? Je couds.

– À qui sont ces habits ?

– Pas à nous, c'est sûr. Tu as vu la qualité ?

Elle avait brandi la chemise pour qu'Alfie tâte le tissu, mais il avait refusé.

– À qui sont ces habits ? avait-il répété.

– Tu ne la connais pas. Elle s'appelle Mme Emberg. C'est une amie de Mme Gawdley-Smith, très aisée. Elle m'a promis un shilling par panier. Chaque demi-penny compte, Alfie.

– Tu travailles jour et nuit comme infirmière de la Couronne, tu prends de la lessive, et maintenant tu couds pour je ne sais quelle femme riche !

– Oh, Alfie.

– Maman, où est papa ?

Margie avait lâché son aiguille qui était tombée sur la pierre de la cheminée avec un petit bruit. Elle n'était pas de garde cette nuit-là, elle s'était fait remplacer par une collègue pour l'anniversaire de son fils.

– Tu sais où il est. Tu peux m'expliquer pourquoi tu t'obstines à poser cette question idiote ? s'était-elle énervée.

– Dis-moi la vérité cette fois.

Margie était restée silencieuse, elle avait ramassé son aiguille et tenu la chemise à moitié terminée devant elle.

– Il faut que j'en fasse six d'ici la fin du mois. Celle-ci est assez réussie, non ? Je te l'ai dit, j'ai toujours voulu trouver une activité pour laquelle je sois douée. Peut-être est-ce la couture ? Je fais la course avec mamie Summerfield. Elle a tricoté trente paires de chaussettes le mois dernier ! Cela fait une paire par jour. Et dire qu'elle a mauvaise vue ! Parfois, je me demande si ce n'est pas un genre qu'elle se donne.

– Maman ! s'était écrié Alfie en tirant sur la manche de sa mère. Où est papa ?

– Il est à la guerre, non ? avait-elle répondu d'un ton sec, s'en prenant à lui maintenant. Il est à cette bienheureuse guerre ! avait-elle ajouté d'une voix glaciale.

– Il n'écrit plus.

– Il ne peut pas pour l'instant.

– Pourquoi ?

– Parce qu'il se bat.

– Alors comment savoir ?

– Savoir quoi ?

– S'il va bien.

– Bien sûr qu'il va bien, Alfie. Pourquoi penses-tu le contraire ?

– Il est peut-être mort.

C'est alors que quelque chose de terrible s'était passé. Margie avait jeté son ouvrage, bondi hors de son fauteuil et avait giflé Alfie à toute volée. Il avait cillé sous l'effet de la surprise. Ni Georgie ni Margie n'avaient jamais levé la main sur lui, même quand il était tout petit et faisait le zouave. Il porta la main à sa joue cuisante, mais resta stoïque. Rien de tel n'était arrivé depuis que ce monstre de M. Grace lui avait demandé six fois d'affilée de tendre la main devant Excalibur et l'avait frappée, le sourire aux lèvres, les veines violettes de son grand nez de poivrot palpitant de plaisir.

L'instant d'après, Margie avait éclaté en sanglots. Elle avait jeté ses bras autour de lui et l'avait serré contre son cœur. Alfie avait senti les larmes de sa mère contre son épaule.

– Oh, Alfie, je te demande pardon, mon chéri. Je ne voulais pas. J'étais excédée, voilà tout. Je ne voulais pas, je te le promets.

– Où est papa ? avait-il répété.

Margie s'était dégagée. Elle l'avait pris par les épaules, ses yeux plantés dans les siens, les flammes dans l'âtre éclairant les larmes sur ses joues.

– Quoi ?

– Je veux savoir où est papa et pourquoi il n'écrit plus depuis presque un an.

– Mais il écrit, Alfie ! avait protesté Margie.

– Alors, où sont les lettres ? D'habitude, tu les mets sous ton matelas, mais je n'en ai trouvé aucune depuis…

– Comment oses-tu regarder sous mon matelas ? avait crié Margie. Tu fouilles dans mes affaires ! Franchement, Alfie, je devrais…

– S'il écrit, où sont les lettres ?

Margie avait haussé les épaules et l'on aurait dit qu'elle cherchait une réponse appropriée.

– Je n'en sais rien. J'ai dû les perdre ou les jeter.

– Je ne te crois pas, avait hurlé Alfie. Tu ne ferais jamais une chose pareille. Je le sais. Dis-moi la vérité ! Tu parles sans arrêt de mission secrète mais tu n'expliques jamais rien !

Margie s'était essuyé le visage et elle s'était reculée dans son fauteuil.

– Entendu, avait-elle dit enfin. Il n'est plus au combat, tu as raison. Mais il n'a pas le temps d'écrire. Un monsieur du ministère de la Guerre est venu me voir. Il m'a dit que ton père figurait parmi les soldats les plus courageux de l'armée ; par conséquent, on lui a donné d'autres ordres. Il fait tout pour mettre un terme à la guerre.

– En quoi consiste sa mission ?

– Le monsieur n'a pas voulu me le révéler, mais je suis certaine que c'est très important. Le problème, c'est que, tant que la guerre n'est pas finie, ton père n'a pas le droit de nous écrire.

Alfie réfléchit.

– Quand ce monsieur est-il venu te voir ?

– Qui ?

– Celui du ministère de la Guerre ?

Margie avait soufflé et détourné les yeux.

– Je ne me rappelle pas. C'était… il y a des mois.

– Comment s'appelle-t-il ?

– Je m'en souviens plus… Quelle importance ?

– Pourquoi tu ne m'as pas parlé de sa visite ?

– Parce que je ne voulais pas t'inquiéter. Je sais que tu es intelligent, Alfie, mais tu n'as que neuf ans. Et à l'époque, tu n'en avais que huit. Il y a des choses que…

– Tu l'as dit à mamie Summerfield ?

– Grand Dieu, non !

– Pourtant, elle est adulte.

Margie avait semblé prise de court et elle avait secoué la tête.

– Alfie, je ne vais pas continuer cette conversation. Tu m'as demandé où était ton père et je t'ai répondu. Il est en mission secrète. Maintenant, j'aimerais que nous en restions là.

Alfie était content qu'ils en restent là. Il savait qu'il était inutile de poser d'autres questions, parce qu'il était convaincu que Margie ne lui dirait pas la vérité, de toute façon. Aucun monsieur du ministère de la Guerre ne s'était présenté chez eux. Nombre de missions secrètes étaient en cours, mais son père ne prenait part à aucune d'entre elles et, quel que soit l'endroit où il se trouvait, Margie le connaissait mais ne mettrait pas Alfie dans la confidence. Pourtant il était certain de le découvrir un jour, une fois qu'il aurait assemblé toutes les pièces du puzzle, une par une.

Depuis cette conversation avec sa mère, son enquête n'avait pas beaucoup progressé. Aucune lettre n'était arrivée et chaque fois qu'Alfie surprenait Margie et mamie Summerfield en grande conversation, elles abandonnaient le sujet qui les occupait pour parler du temps ou des difficultés à se procurer des pommes.

En fait, Alfie n'était pas plus avancé sur l'endroit où se trouvait son père jusqu'à ce fameux jour à la gare de King's Cross où il avait ciré les chaussures du médecin militaire dont les papiers s'étaient éparpillés dans le hall.

HÔPITAL D'EAST SUFFOLK & IPSWICH
Summerfield, George
Date de naissance : 03-05-1887
Matricule : 14278

Et c'est le moment où Alfie comprit qu'il avait à la fois tort et raison. Son père n'était pas en mission secrète, mais il n'était pas mort non plus. Il n'était même plus en France.

Il était de retour en Angleterre.

À l'hôpital.

7

Bonjour. Comment s'appelle ton amie ?

En ouvrant la porte de la chambre d'Alfie, Margie fut surprise de le trouver en train de lire dans son lit, et pourtant, il était réveillé depuis près d'une heure.

– Ça va ? demanda-t-elle en lui touchant le front pour vérifier qu'il n'avait pas de fièvre. Tu n'es pas en train de tomber malade, dis-moi ?

– Je vais bien, répondit Alfie. Je me suis réveillé tôt, c'est tout.

– Ce qui est rare est précieux, dit Margie en humant l'air, les sourcils froncés. Pourquoi flotte-t-il toujours une odeur de cirage dans cette pièce ? Ce n'est pas logique, tes chaussures restent invariablement crottées. Ton petit déjeuner t'attend sur la table de la cuisine. Je prendrai un morceau de poulet pour le dîner. Il paraît qu'un boucher de Pentonville Road doit recevoir une livraison aujourd'hui. En tout cas, c'est le bruit qui court. C'est le frère d'une infirmière du bloc opératoire numéro deux, il a promis d'en mettre un peu de côté pour nous.

– Du poulet ? s'étonna Alfie. Ce n'est pas très cher ?

– Ce matin, j'ai trouvé plus d'argent dans mon porte-monnaie que je n'espérais, répondit-elle en lui faisant un clin d'œil. C'est drôle comme cela m'arrive souvent. Tu sais quoi ? J'ai réussi à payer presque toutes les factures et le loyer de la semaine. Et la bonne nouvelle, c'est que je ne travaille pas ce soir. On pourra dîner tous les deux ensemble.

Alfie se rembrunit. N'importe quel autre jour, il aurait accueilli la nouvelle avec joie, mais aujourd'hui, ce n'était pas une bonne idée. Il ignorait à quelle heure il serait de retour. Il avait des projets, des projets importants. Une mission secrète personnelle.

– Oh ! dit-il en détournant le regard pour que Margie ne s'aperçoive pas qu'il mentait, mais j'ai dit à mamie que je dînais chez elle.

– Elle ne m'en a pas parlé.

– Elle a peut-être oublié. Comme la semaine dernière quand elle a oublié de te faire compliment de ta nouvelle robe.

– Ce n'est pas un oubli, dit Margie en levant les yeux au ciel. Mamie Summerfield pense que je ne devrais pas accepter la charité de Mme Gawdley-Smith, mais elle allait jeter cette robe et cela lui faisait plaisir de me la donner, alors pourquoi aurais-je refusé ? Je ne peux pas continuer à m'habiller en guenilles le reste de ma vie, n'est-ce pas ? De toute façon, à cheval donné, on ne regarde pas la denture.

– Ce n'était pas un cheval.

– Tu as raison mais nous frôlons toujours la pénurie, Alfie. Nous la frôlons, dit Margie qui semblait affectionner cette expression. Tu ne peux pas dire à mamie que tu viendras dîner un autre jour ? Cela n'arrive pas si souvent que je sois à la maison le soir.

– Je lui demanderai, dit Alfie en repoussant les draps pour sortir de son lit. Mais si je ne suis pas ici à ton retour, ça voudra dire qu'elle était contrariée et que j'ai dû rester chez elle.

– Entendu. Fais de ton mieux ! Avec un peu de chance, nous nous retrouverons plus tard.

Margie sortit de la chambre et Alfie l'entendit balayer le couloir avant de partir travailler. Il se sentait coupable de lui avoir fait de la peine mais c'était pour la bonne cause, il le savait. Il se précipita sur le palier, dévala l'escalier, courut jusqu'au petit coin au bout du jardin, rentra à toutes jambes avant d'avoir les doigts et les orteils gelés, remonta dans sa chambre, sortit le sac de pièces du fond de son tiroir à chaussettes et en renversa le contenu sur son lit défait.

Il compta l'argent qu'il avait économisé depuis qu'il était devenu cireur de chaussures et découvrit avec surprise qu'il avait presque huit shillings. Huit shillings ! Il n'avait jamais compté ses sous jusqu'alors, de peur de perdre la tête et de tout dépenser. Il avait toujours su qu'il aurait besoin de cet argent, même s'il en ignorait le jour et la raison. Et finalement, ce jour était venu.

Alfie prit son petit déjeuner, fit une rapide toilette à l'évier de la cuisine et vérifia qu'il était bien peigné. Il aurait moins de chances de se faire arrêter s'il avait la mine du bon petit garçon honnête. Satisfait, il enfila ses chaussures, glissa une poignée de monnaie dans sa poche et quitta la maison.

Il longea Damley Road et aperçut Joe Patience en train de fumer une cigarette sur le pas de sa porte. Au même moment, une voiture de l'armée tourna le coin de la rue. Alfie se figea. Il se tourna vers Joe et Joe vers lui, puis tous deux suivirent des yeux la voiture, qui avait ralenti. Dans toutes les maisons, les rideaux s'écartèrent. En une seconde, les portes s'ouvrirent et les femmes sortirent sur les seuils, échangeant des regards apeurés, le visage pâle, tandis que Joe reculait dans son entrée, hors de vue de ses voisins mais en laissant la porte ouverte.

« Pas moi, pensaient-elles toutes. Dieu, je Vous en conjure, pas moi. Pas aujourd'hui. »

La voiture s'arrêta devant Alfie, la vitre descendit et un officier regarda le garçon qui se tenait blotti contre le mur d'une maison.

– Je suis bien dans Damley Avenue ? demanda l'homme, et Alfie poussa un soupir de soulagement.

Le militaire cherchait son chemin.

– Damley Road, répondit Alfie en butant sur les mots.

– Tu disais, mon garçon ?

– Ici, c'est Damley Road. Pour l'avenue, il faut que vous preniez la rue jusqu'au bout, puis que vous tourniez à gauche et ce sera la première à droite. Vous ne pouvez pas vous tromper.

L'homme hocha la tête, remonta sa vitre, et la voiture démarra, les femmes rentrèrent chez elles, laissant Alfie et Joe Patience seuls dans la rue.

– Ce n'est que partie remise, dit Joe avec un sourire qui n'en était pas un.

Alfie remarqua qu'il lui manquait une dent de devant et qu'il avait un œil au beurre noir, ou plutôt violet, vert et jaune.

– Tout va bien, Alfie ? demanda Joe.

– Tout va bien.

– Tu veux savoir, n'est-ce pas ? Tu veux savoir ce qu'ils m'ont fait. Je n'aurais jamais dû ouvrir la porte une fois la nuit tombée.

Alfie le regarda avec de grands yeux. Il ne voyait pas ce que Joe voulait dire mais il n'avait pas le temps d'écouter ses explications. Une grosse journée l'attendait. Il secoua la tête et courut dans Damley Road, tourna à droite et prit le chemin de la gare de King's Cross.

Il y arriva plus rapidement qu'à l'accoutumée, plus léger sans la boîte à cirage qu'il trouvait toujours plus pesante à mi-chemin entre la maison et son travail. Une fois dans la gare, il jeta un coup d'œil à son emplacement habituel, qui était inoccupé. Seul

M. Podgett, le banquier dont le fils ne voulait pas que la guerre s'arrête, se trouvait là et regardait autour de lui. M. Podgett jeta un coup d'œil à sa montre, il attendait sans doute de faire cirer ses chaussures, mais il finit par renoncer et disparut dans la foule. Alfie se dirigea vers les guichets trop hauts pour lui et fit la queue.

– C'est combien pour le Suffolk ? demanda-t-il quand vint son tour, sans voir la personne assise derrière le guichet.

– Qui parle ? interrogea une voix de femme, et Alfie répéta sa question.

– Il veut savoir combien coûte le billet pour le Suffolk, dit l'homme qui se trouvait derrière lui dans la file. Il est trop petit pour voir.

– Trois pence l'aller et cinq le retour, valable toute la journée, répondit la voix désincarnée.

Alfie plongea la main dans sa poche et choisit avec soin une pièce d'un penny, deux d'un demi-penny et douze d'un quart de penny.

– Par tous les saints ! s'exclama la voix de femme.

Elle ramassa néanmoins les pièces, et Alfie entendit la machine se mettre en action. Une seconde plus tard, un billet tombait dans la fente et il le prit.

– Faudrait grandir un peu, fiston, dit l'homme derrière lui quand Alfie fit demi-tour. Cela facilite les choses.

Alfie faillit lui tirer la langue mais se retint. C'était le genre de bêtises que faisaient les enfants. Or, aujourd'hui, il n'était pas un enfant mais une grande personne, dans la mesure où il s'apprêtait à accomplir une action d'adultes.

Il parcourut le tableau d'affichage mais ne trouva aucun train à destination du Suffolk. En revanche, il y en avait un pour Ipswich quelques minutes plus tard. Alfie se rendit au quai numéro deux et regarda les wagons, hésitant à prendre le risque de monter dedans. Après tout, le nom de l'hôpital était East Suffolk & Ipswich.

– Tu y vas ou pas ? demanda le contrôleur en lui tapotant l'épaule, un œil sur sa montre. Dépêche-toi, mon gars. Le train part dans une minute.

– J'y vais ! dit Alfie qui tentait sa chance, et il monta à bord.

Il n'avait jamais pris le train auparavant et, bien que sa mission secrète ait été grave, il ne pouvait s'empêcher d'être surexcité en prenant place dans un compartiment, impatient que le contrôleur donne son coup de sifflet et que le convoi démarre. Il repensa au jour où son père lui avait confié qu'il aurait aimé travailler dans les chemins de fer, plutôt que d'être embauché à la laiterie. Et il se demanda alors si les choses auraient été différentes si Georgie avait obtenu l'emploi qu'il espérait. Alfie avait lu dans le journal que « les personnels assurant un service vital pour le pays » étaient autorisés à échapper à la conscription, à condition de fournir « un effort de guerre accru sur le front intérieur ». Alfie savait que les conducteurs de train et les contrôleurs faisaient partie de cette élite. Mais il se souvint soudain que, de toute façon, son père n'avait pas été appelé, qu'il s'était enrôlé. Par conséquent, cela n'aurait rien changé du tout.

Quelques instants plus tard, la locomotive se mit en marche, et Alfie regarda par la fenêtre tandis que le train prenait de la vitesse. Il se dit qu'il vivait l'expérience la plus extraordinaire qu'il ait jamais vécue – jamais de toute sa vie ! Il regarda le paysage défiler un long moment, jusqu'à ce que sa nuque lui fasse mal. Il se retourna alors et remarqua pour la première la fois la présence d'une jeune femme dans le compartiment. Elle était assise en face de lui, mais pas du côté de la fenêtre ; elle lisait un livre intitulé *L'Extraordinaire Nature de l'esprit humain*, du Dr F. R. Hutchinson. Alfie n'était pas certain de la prononciation du deuxième mot (« nature ») et tenta de le former avec les lèvres. Au bout de quelques instants, la jeune femme se tourna vers lui et le regarda droit dans les yeux.

– Tu as un problème ? demanda-t-elle.

– Non, pas du tout, répondit Alfie en se détournant d'un air gêné, et il se concentra sur le paysage.

Il sentait que la jeune femme gardait les yeux fixés sur lui.

– Tu n'as donc rien à lire ? Tu vas regarder mon livre avec des yeux ronds pendant tout le voyage ?

Alfie ne dit rien. Il regretta de ne pas avoir emporté *Robinson Crusoé*.

– Tu voyages seul ? lui demanda-t-elle l'instant d'après.

Il se tourna vers elle, déglutit nerveusement, puis hocha la tête.

– Stupéfiant ! déclara-t-elle. Quel âge as-tu ? Dix ans ?

– Neuf, répondit Alfie, flatté au-delà de ses rêves les plus fous.

Elle pensait qu'il avait dix ans ! C'était un triomphe absolu.

– Et on laisse des enfants de neuf ans prendre le train tout seuls ! Ce ne serait jamais arrivé de mon temps, je te le garantis. Je me rappelle que mon frère avait pris la poudre d'escampette en train un jour et…

Elle s'interrompit et haussa les épaules.

– C'était il y a longtemps. Je ne pense pas que cela t'intéresse.

– Quel âge avait-il ? demanda Alfie.

– Qui ?

– Votre frère, quand il a pris le train tout seul.

– Quelques années de plus que toi, si je me souviens bien. Quatorze ou quinze ans, je dirais. Il lui avait pris l'envie d'aller à Londres pour la journée. Il était rentré à la maison avec un verre dans le nez et en empestant le parfum. Cela avait fait toute une histoire. Je me souviens de lui assis dans le fauteuil de mon père en train de glousser alors que mes parents lui remontaient les bretelles. Je n'ai jamais vu spectacle plus hilarant de ma vie.

Elle se mit à rire, puis laissa son regard se perdre au loin, plongée dans ses pensées, avant d'écarquiller les yeux, de battre furieusement des cils et de se tourner vers Alfie, cette fois en souriant.

– J'espère que tu n'as pas ce genre de projet, n'est-ce pas ? demanda-t-elle. Tu es trop jeune pour ce genre de bêtises. À ce propos, comment t'appelles-tu ?

– Alfie Summerfield.

– Et moi, je m'appelle Marianne Bancroft, annonça-t-elle. Tu peux m'appeler Marianne si tu veux. Je ne suis pas très à cheval sur les conventions. Ou mademoiselle Bancroft, si tu préfères. Enchantée, ajouta-t-elle en lui tendant la main.

Alfie la regarda, ne sachant pas ce qu'elle attendait de lui.

– On ne t'a pas appris qu'il était mal élevé de refuser une main tendue ?

Alfie s'empressa de la serrer. Jamais aucun adulte ne lui avait demandé une telle chose mais il avait vu des milliers de gens le faire.

– Très bien, dit-elle en hochant la tête d'un air approbateur. Où vas-tu ?

– Dans le Suffolk.

– Tu es au courant que ce train va à Ipswich ? Il roule si lentement que je serai devenue une vieille dame avant d'arriver à destination ! Les choses étaient plus simples quand le train partait de la gare de Liverpool Street mais, depuis les bombardements, ils ont tous été déviés et on ne sait jamais où se trouve le départ du train qu'on a choisi. Tout change tout le temps et les employés des chemins de fer sont incorrigibles. Autant demander des informations à un lapin. Sais-tu que je suis d'abord passée par la gare de Paddington, puis par celle de Victoria avant de découvrir finalement que mon train partait de King's Cross. Et on ne devrait pas se plaindre. Ce fut épouvantable.

Alfie acquiesça. Il avait lu le compte rendu du bombardement dans le journal l'année précédente. Un escadron de Gotha, des avions allemands, avait lâché des bombes sur la gare de Liverpool Street, faisant des morts et de nombreux blessés. La mère d'un des garçons de sa classe s'était fait tuer, tout comme le frère du directeur, Maxwell. Au total, il y avait eu cent soixante-deux morts et plus de quatre cents blessés. « Encore des noms et des nombres », songea Alfie.

– Tu veux un bonbon ? demanda Marianne en sortant de son sac un petit sachet de bonbons acidulés à la pomme.

Elle le lui tendit. Les bonbons étaient collés les uns aux autres et Alfie fut obligé de forcer pour en séparer deux.

– Prends les deux, dit Marianne en agitant la main en l'air. Prends-en trois. Prends-les tous si tu veux. J'en ai déjà beaucoup trop mangé mais je ne peux pas m'en passer. Si je ne fais pas attention, je vais finir en bonbon acidulé à la pomme. Je suis sans doute la seule personne de toute l'Angleterre à prendre du poids pendant la guerre. Les gens ont l'air affreusement mal nourris.

Alfie en prit deux. Il mit le premier dans sa bouche et le second dans sa poche pour plus tard.

– Il va devenir tout poussiéreux, dit Marianne en fronçant les sourcils. Il faudra le laver avant de le manger, sinon tu vas attraper une maladie.

Alfie hocha la tête. Quand M. Janáček tenait encore son magasin, Georgie lui achetait toujours un paquet de bonbons acidulés à la pomme le dimanche matin, en prenant son journal. Puis il rentrait à la maison, le quotidien plié en deux, et Alfie attendait posté devant son père en souriant de toutes ses dents, jusqu'à ce que celui-ci déplie le journal et dise : « Regarde ce que je t'ai rapporté » et lui montre le paquet de bonbons à l'intérieur.

– Ipswich n'est pas très éloigné du Suffolk, poursuivit Marianne, alors tu as sans doute pris le bon train. Tu en as parlé au contrôleur ?

– Oui.

– Tu lui as dit où tu voulais aller ?

– Non.

– C'est là que tu as commis une erreur. Cela ne sert à rien de monter dans un train sans être certain de sa destination. En suivant ton exemple, on peut se retrouver à Édimbourg alors qu'on projetait d'aller en Cornouailles. Tu aimes ton bonbon ? Tu fais un bruit épouvantable ! Apprends à le sucer sans mastiquer bruyamment – tes compagnons de voyage t'en seront reconnaissants.

Alfie doutait qu'il puisse manger son bonbon en

silence, il l'avala tout rond avec un bruit de déglutition effroyable et Marianne plissa les yeux en le regardant avec l'air de vouloir changer de compartiment (ce qui n'aurait pas déplu à Alfie).

– Au fait, pourquoi le Suffolk ? Tu as une petite amie là-bas ?

– Non, répondit Alfie en rougissant jusqu'aux oreilles.

– Je te taquine. Si tu veux mon avis, les petits amis procurent plus d'ennuis que d'agréments. Le mien m'a laissée tomber mais qui a envie d'en entendre parler ? Je te le demande. Dis-moi, qu'est-ce qui t'amène dans le coin ?

Alfie réfléchit. Il avait prévu de ne révéler sa mission à personne : ni à Margie, ni au vieux Bill Hemperton ou à mamie Summerfield, pas même à Joe Patience. Pourtant, il ne voyait pas de mal à se confier à une inconnue, surtout à une étrangère qui semblait savoir tout sur tout.

– À l'hôpital d'East Suffolk & Ipswich, répondit-il à mi-voix.

– Oh ! s'écria-t-elle en écarquillant les yeux de surprise. L'East Suffolk ! C'est là que je vais aussi ! Quelle coïncidence ! Ou peut-être pas, dans la mesure où nous allons tous les deux dans la même direction. Mais comment se fait-il qu'un garçon de ton âge aille dans cet hôpital ? Serais-tu un jeune génie devenu médecin à cinq ans ?

– Je vais en visite.

– En visite ? Curieux endroit pour aller en visite, mais bon, je ne poserai pas de questions. Dis-moi ce que tu as envie de me dire et garde le reste pour toi. Je ne me formaliserai pas. Figure-toi que, pour ma part, je vais assister à une conférence. Quelle corvée ! Mais terriblement passionnante, ajouta-t-elle – une contradiction qui laissa Alfie perplexe.

– Quelle sorte de conférence ? demanda-t-il.

Elle haussa les épaules, fouilla dans son sac à la recherche de son paquet de cigarettes, en prit une et l'alluma d'un mouvement fluide du pouce, du poignet et du briquet. La fumée forma un brouillard devant ses yeux et elle la chassa du revers de la main.

– Sur des choses effroyables, dit-elle. Il ne faut jamais s'y intéresser. Ensuite elles ne vous lâchent plus et vous hantent. Veux-tu vraiment connaître le sujet de la conférence ou bien poses-tu la question par politesse ?

– Par politesse, dit Alfie.

– Dans ce cas, je te répondrai quand même puisque tu me l'as demandé. Je travaille avec des soldats qui sont revenus du front. Tu sais ce qu'est le front, n'est-ce pas ? Tout le monde le sait. Il faudrait être ermite pour l'ignorer. Certains de ces soldats reviennent dans un piteux état. Alors, nous faisons ce que nous pouvons pour les aider. Je décris une sorte de triangle, si je puis dire. J'habite à Norwich, j'ai pris le train hier pour aller voir une amie, une fille effroyable avec laquelle j'étais en classe et qui est maintenant une figure prépondérante du mouvement des suffragettes – en as-tu déjà entendu parler ? Non, je suppose que tu es trop jeune, mais si quelqu'un te pose la question, tu dis que tu es pour, d'accord ? –, bref, j'ai pris le train pour Londres, et aujourd'hui je vais à Ipswich pour cette conférence. Elle sera animée par un médecin de l'hôpital de Manchester. Il a donné une conférence, il y a deux mois, à laquelle j'ai assisté aussi. La moitié des hommes présents se sont endormis, pas les femmes. Les femmes sont attentives. Quel est l'intérêt d'aller à une conférence si c'est pour ne pas l'écouter ? Puis ce soir, je rentre à Norwich. Mon père y est pasteur. Ne ris pas.

Alfie fit un geste de dénégation. Il ne comprenait pas pourquoi elle s'attendait à ce qu'il rie. Elle n'avait rien dit de drôle.

– Je peux t'accompagner à l'hôpital, si tu veux. Quand nous serons arrivés, je veux dire. Il n'est pas très loin de la gare, mais si on ne connaît pas le chemin, on peut se perdre facilement. Et je ne veux pas avoir sur la conscience d'avoir laissé un garçon de dix ans errer dans les rues sans savoir où il allait.

– J'ai neuf ans, répéta Alfie.

– Tu en auras bientôt dix, j'imagine. D'ordinaire, les garçons de neuf ans ont un jour dix ans. Ce sont les garçons de dix-neuf ans qui ont des difficultés à avoir vingt ans.

Elle tourna le regard vers la fenêtre, en battant des cils nerveusement, puis ferma les yeux et respira fort par le nez. Elle revint enfin vers lui avec un pauvre sourire.

– Bref, si tu te perds à Ipswich, il se peut que tu fêtes un autre anniversaire avant de retrouver ton chemin pour rentrer chez toi. Nous sommes d'accord ? Tu me laisses te guider ?

Alfie acquiesça, un peu épuisé par les paroles dont la jeune femme l'abreuvait. Il n'aurait pas été contre une petite sieste, il se renversa sur son siège et tourna la tête pour regarder les champs défiler par la vitre.

– La conversation est terminée ? demanda Marianne, et Alfie se tourna vers elle pour lui faire signe que non. Je te taquine. Vas-y, regarde le paysage. Je suis très bien en compagnie du Dr F. R. Hutchinson. Si tu t'endors, je te réveillerai à notre arrivée. Il reste encore deux heures, sans doute plus. Les trains sont lambins ces temps-ci. Inutile de t'inquiéter.

Alfie hocha la tête, se rassit au fond de son siège et ferma les yeux. Il n'avait pas grande envie de s'endormir mais il avait peur de devenir fou s'il continuait à écouter la jeune femme. Il n'avait jamais entendu quelqu'un parler autant et aussi vite. Il bâilla en songeant au petit somme réparateur qu'il allait faire, quand une pensée lui traversa l'esprit et lui fit rouvrir les yeux.

– Dans quel genre d'hôpital allons-nous ? demanda-t-il en se redressant.

– Un hôpital où l'on soigne des malades, répondit Marianne.

– Oui, mais quelle sorte de malades ?

– Des soldats malades. Ils ont survécu mais ne s'y connaissent pas beaucoup en survie, si je puis dire. Il existe un terme pour décrire ce qu'ils ont. Il se trouve que c'est le sujet de ma conférence. C'est une chose effroyable, cependant très fréquente, même si certains nient l'évidence.

Alfie la dévisagea. Il avait presque peur de poser la question.

– Comment s'appelle cette maladie ?

Marianne Bancroft le regarda et lui sourit – mais du sourire qui annonce une mauvaise nouvelle et non du sourire destiné à réconforter.

– Une psychose traumatique, répondit-elle.

8

Sommes-nous démoralisés ?

Aucun autre passager ne descendit à Ipswich. Alfie regarda avec étonnement la gare, qui n'avait rien d'une gare. D'abord, il n'y avait pas de salle d'attente ni de guichet, et pas le moindre cireur de chaussures en quête de client. Le train avait simplement fait halte pour laisser Marianne et Alfie sauter du marchepied, un point c'est tout.

– Ce n'est pas l'arrêt officiel, expliqua Marianne qui avait remarqué l'air stupéfait d'Alfie. La plupart des trains ne s'arrêtent plus dans les gares, pour éviter les bombardements. Ils marquent l'arrêt à proximité et les voyageurs n'ont plus qu'à terminer le trajet à pied. En ce qui nous concerne, c'est assez pratique, dans la mesure où l'hôpital est à deux pas d'ici.

– Mais comment les gens savent-ils à quel endroit ils doivent prendre le train ? demanda Alfie.

– Il le savent, répondit Marianne en haussant les

épaules. On se passe le mot. Et si on ne sait pas, il suffit de continuer à marcher jusqu'au prochain arrêt provisoire, où qu'il soit.

Ils prirent un sentier bordé de haies qui déboucha sur une intersection d'où partaient trois chemins, mais aucun panneau n'indiquait de direction.

– Ils ont tous été retirés, précisa Marianne. Les panneaux ont pratiquement disparu d'Angleterre, tu t'en es aperçu ? L'idée est de perdre les agents infiltrés. Les espions sont partout, du moins c'est ce qu'on nous rabâche. Je n'en suis pas convaincue, mais qui se soucie de mon avis ? C'est une chance que j'aie un excellent sens de l'orientation. J'ai peut-être été détective dans une autre vie.

Marianne s'engagea d'un bon pas sur le premier chemin à leur droite en bavardant de tout et de rien, Alfie courut pour la rattraper. Elle avait raison, l'hôpital n'était pas très loin. En quelques minutes, les pavés disjoints entre lesquels poussaient des herbes folles firent place à une voie plus classique et l'hôpital d'East Suffolk & Ipswich apparut enfin à leurs yeux.

Alfie regarda avec inquiétude les murs imposants qui entouraient l'établissement, l'allée interminable qui conduisait à l'entrée principale et le gigantesque bâtiment de briques jaunes, qui ressemblait plus à un château qu'à un hôpital.

– Tu te sens bien ? demanda Marianne.

– Oui.

– Tu es sûr que tu veux entrer ? Un train pour Londres ne va pas tarder à passer. Il suffit de retourner à l'endroit où nous sommes descendus et d'agiter les bras comme un fou quand la locomotive sera en vue. Le train s'arrêtera. Probablement, en tout cas.

– J'en suis sûr.

– Si nous y allions ? Cela ne sert à rien de rester plantés là à regarder l'hôpital comme si c'était une carte postale.

– Je vais attendre un petit peu, répondit Alfie qui hésitait, préférant à présent qu'ils se séparent.

– C'est absurde, je ne peux pas te laisser tout seul ici ! Tu ne veux pas me dire à qui tu as l'intention de rendre visite ? Nous pourrions trouver une infirmière ou quelqu'un d'autre pour t'aider.

– Je préfère y aller tout seul, dit Alfie. Merci quand même.

Marianne jeta un coup d'œil à sa montre.

– Si tu en es sûr… C'est à toi de décider, évidemment. Mais il faudra que tu retrouves l'arrêt tout seul. Tu te rappelles par où nous sommes arrivés ? Alors, dans ce cas…

Elle lui tendit la main et, cette fois, Alfie la serra sans qu'il ait été besoin de le lui demander.

– Très bien, dit-elle, en hochant la tête avec fermeté avant de tourner les talons et de s'engager dans l'allée.

Il la regarda s'éloigner, puis s'approcha d'un des montants de la grille d'entrée afin de ne pas être vu de l'hôpital. Il n'avait pas envie que quelqu'un remarque sa présence et lui demande de partir. Il n'avait aucune idée de ce qu'il allait faire ensuite. Le plan qu'il avait échafaudé s'arrêtait à l'hôpital, et après cela… il improviserait. La seule chose à faire était d'entrer.

Alfie avança dans l'allée avec l'impression qu'on ne voyait que lui. Un petit garçon en culottes courtes, pull-over et casquette arrivant seul n'était à l'évidence ni un médecin, ni un malade, ni un étudiant qui se rendait à la conférence.

L'allée en elle-même était très bien entretenue, elle formait une ligne droite jusqu'à l'entrée de l'hôpital et séparait deux vastes pelouses, tondues avec soin. L'herbe avait le même aspect que devant certaines maisons de campagne lorsqu'elle dessine des bandes dans un sens puis dans l'autre, mais aucune fleur ne poussait nulle part.

Arrivé au bout de l'allée, Alfie s'arrêta au porche monumental qui protégeait une double porte en chêne grande ouverte. Il se cacha derrière une colonne pour réfléchir. Deux jeunes femmes vêtues d'un uniforme complètement différent de celui de Margie – beaucoup moins strict et plus lâche au col – sortirent prendre l'air et fumer une cigarette, sans remarquer sa présence.

– Où était le Dr Ridgewell quand ça s'est passé ? demanda la première.

– À ton avis ? répondit la seconde. Dans son bureau,

occupé à ses petites affaires. Ne voulant surtout pas s'en mêler.

– Il n'est même pas sorti lui parler ?

– Il a fini par être obligé de le faire. Elle a dit qu'elle ne partirait pas tant qu'elle ne l'aurait pas vu et se fichait qu'on appelle la police. Quand il est enfin sorti de son bureau, tu aurais dû voir sa tête ! Il était furieux ! Il lui a demandé : « Pourquoi faites-vous tout ce raffut ? »

– Et qu'a-t-elle répondu ?

– « Pour la meilleure raison du monde, par amour. »

Alfie en eut le souffle coupé et, sous l'effet de la surprise, il porta la main à sa bouche. C'était la phrase que M. Janáček employait toujours pour expliquer qu'il ait quitté Prague pour Londres.

– Pauvre femme, dit la première infirmière en recrachant la fumée de sa cigarette. Elle lui est totalement dévouée.

– Encore heureux, c'est son mari. Tu ferais la même chose pour Frank, non ?

– Sans doute. Mais écoute, je vais te dire quelque chose de terrible... Il m'arrive d'être heureuse qu'il ait été blessé si tôt. Cela lui a permis d'échapper au pire. Bien sûr, il est effondré de ne plus pouvoir se battre, mais je lui dis toujours : « Frank, tu veux venir voir à quoi ressemblent les pauvres gars qui sont à l'East Suffolk ? Tu ne mesures pas ta chance. » Je vide mon sac, Elsie. De temps à autre, il a besoin qu'on lui passe un savon.

– Il marche mieux ?
– Pas vraiment.
– Et son moral ?
– Encore pire.

Alfie se faufila jusqu'aux colonnes de l'autre côté du porche. Puis, quand les infirmières eurent le dos tourné, il s'engouffra par la porte vitrée et il aperçut du mouvement dans le couloir : trois infirmières entraient et sortaient des chambres situées de chaque côté, tandis qu'une quatrième était en grande conversation avec un médecin bien plus âgé qu'elle, à en juger par sa barbe blanche de Père Noël. Profitant de ce que tout le monde était occupé, Alfie se rua à l'intérieur, dans la première pièce sur sa gauche.

Ce qui le frappa d'abord, ce fut l'odeur. Un mélange de désinfectant, de transpiration, de sang et de quelque chose d'indéterminé. C'était nauséabond, cela imprégnait l'air et il eut envie de vomir. Il se boucha le nez et attendit que cela passe.

En regardant autour de lui, il crut d'abord se trouver dans un bureau. Une table occupait le centre de la pièce, quelques tasses vides et une théière avec un couvre-théière en tricot traînaient dessus. Un tablier imprimé du motif de la carte d'Irlande et de ces mots : SOUVENIR DE SKIBBEREEN était jeté sur le dossier d'une chaise. « Une salle de garde, se dit Alfie, pas un bureau. » C'est l'endroit où des infirmières prennent leur pause. Un son sur sa gauche le fit se retourner. Sur la cuisinière, une bouilloire crachait de la vapeur par son bec. Au premier sifflement, Alfie retint son souffle, conscient qu'il disposait d'à peine quelques secondes avant que quelqu'un ne surgisse et le découvre. Il fila dans le couloir, s'aventura un peu plus loin en s'efforçant d'ignorer la plainte assourdie qui résonnait, une plainte difficile à définir. On aurait dit qu'une centaine de personnes en détresse se trouvaient derrière les portes. Alfie se faufila dans une autre pièce, sur sa droite cette fois, juste au moment où il entendit quelqu'un se précipiter dans la direction qu'il venait de quitter.

Il referma la porte derrière lui, se retourna, ferma les yeux de soulagement et vida ses poumons.

En rouvrant les yeux, il s'aperçut qu'il se trouvait dans une chambre occupée. Un homme était assis dans son lit près d'une fenêtre ouverte, le haut de son pyjama était déboutonné presque jusqu'en bas. Il avait de rares cheveux gris et, pourtant, ne paraissait pas très vieux. Il dévisageait Alfie avec une expression de terreur, la mâchoire pendante, et se bouchait les oreilles pour ne pas entendre le sifflement de la bouilloire qui hurlait jusque dans la pièce. Alfie le regarda, horrifié, ne sachant quoi dire, et lorsque le sifflement s'éteignit, quelques secondes plus tard, alors seulement l'homme retira lentement, très lentement, ses mains et les reposa sur sa couverture. Il laissa son regard se poser dessus, la bouche toujours ouverte, avant de se tourner vers Alfie, en tremblant.

Dans le lit d'en face, un deuxième homme lisait un

roman. Chaque fois qu'il arrivait au bas d'une page, il l'arrachait, en faisait une boule et la jetait par terre. Des dizaines de pages jonchaient le sol. Alfie plissa les yeux pour déchiffrer le titre sur la couverture, *Madame Bovary*.

– Où est ma maman ? demanda le premier homme. (Alfie se retourna et ouvrit la bouche, mais il ne savait quoi répondre.) Elle est dehors ? Elle a promis de venir ce matin.

– Je ne crois pas, répondit Alfie. Je n'ai pas vu de visiteurs à l'extérieur.

– Et vous ! s'écria le deuxième homme, qui agitait le bras en l'air, comme un gamin dans une salle de classe, en brandissant son livre. Elle a un jules !

– Arrêtez cela, s'il vous plaît, dit le premier homme en se penchant en avant, les yeux fermés.

– Arrêter quoi ? demanda Alfie.

– Son mari n'en sait rien, s'esclaffa le deuxième homme. Elle est française somme toute, on sait comment elles sont. Elles sautent sur tout ce qui bouge.

Le premier homme se jeta soudain en avant et, de peur, Alfie fit un bond. Il retourna dans le couloir en un éclair, passa un coin et se retrouva dans une salle commune où étaient alignés dix lits, cinq de chaque côté, tous occupés. C'était de cette salle que montait la plainte, tous les hommes alités semblaient souffrir mille morts. Certains avaient la tête entièrement bandée ; d'autres, des canules fichées dans le corps, charriant un sang rouge sombre qu'on leur retirait ou qui leur était transfusé. Alfie sentit son ventre se contracter d'effroi. Il se tourna vers l'homme qui se trouvait dans le lit le plus proche. Il était allongé à même le matelas, sans draps, et il faisait de tout petits mouvements, comme s'il ne supportait plus d'être alité. Quelque chose clochait chez lui, mais Alfie ne le comprit pas sur-le-champ. Il n'avait plus de bras gauche, juste un moignon qui s'arrêtait au-dessus du coude, et plus de jambe droite, coupée à la hauteur du genou. Les deux blessures étaient à découvert. Sur un chariot près du lit, des pansements neufs attendaient, quelqu'un devait être en train de le soigner quand il avait été appelé. Peut-être la personne qui était partie éteindre la bouilloire. Alfie s'efforça de ne pas fixer l'endroit boursouflé et rougeâtre où les membres s'arrêtaient bizarrement, mais il ne pouvait s'en empêcher. La peau, repliée sur elle-même, formait un nœud fripé enserrant quelque chose comme un clou. Des bandages jaunâtres entouraient la tête de l'homme et un pansement couvrait un œil. Alfie regardait, terrorisé. L'homme se tourna lentement vers lui, cilla de son œil valide et l'empoigna brutalement. Alfie tenta de se dégager mais, malgré ses blessures, l'homme était trop fort, il l'attirait vers lui en chuchotant des paroles hargneuses. Alfie tendit la main pour prendre appui sur le lit et reculer, mais elle se posa sur quelque chose de mou, de mouvant : une poche remplie d'un liquide jaune foncé qui se renversa quand le garçon la toucha, aspergeant de son contenu le sol à ses pieds. En s'écartant, Alfie glissa sur le liquide et tomba. Il se rendit compte alors qu'il avait atterri dans une flaque d'urine appartenant au blessé. Il se retint de hurler, se remit debout tant bien que mal et sortit de la pièce en trombe.

Son père ne pouvait pas être dans cet hôpital, ce n'était pas possible. Personne ne pouvait rester dans un endroit pareil sans devenir fou.

Il se retrouva de nouveau dans le couloir, le souffle court. Il crut qu'il allait vomir, il tendit ses mains souillées devant lui et les essuya sur ses vêtements. Elles étaient tachées de sang – du sang qui venait de l'urine de l'homme. Alfie fit demi-tour avec l'envie irrésistible de fuir ces horreurs et s'engagea dans un autre couloir ; il était perdu. Il ne savait plus pourquoi il avait trouvé judicieux de venir à l'East Suffolk. Il sentait ses jambes se dérober sous lui, comme dans ce rêve qu'il faisait fréquemment, où il ne pouvait pas courir et avait les pieds qui pesaient des tonnes.

Il espérait trouver une porte qui ouvre sur l'extérieur, mais le couloir menait à un poste d'infirmières, au-delà duquel il apercevait d'autres portes vitrées. Il aurait donné n'importe quoi pour les franchir, mais deux personnes – un jeune médecin et une infirmière – discutaient devant d'un air préoccupé. S'il passait par là, il se ferait repérer. Il s'accroupit derrière le comptoir, satisfait de ne pas avoir été assez grand au guichet de la gare de King's Cross, car le comptoir avait la même hauteur.

– Lesquels ? demanda le médecin, qui avait une voix très snob. L'aile B ou la C ?

– La C, docteur, répondit l'infirmière avec un accent qui poussa Alfie à se demander si ce n'était pas elle la propriétaire du tablier à la carte d'Irlande. D'après le Dr Edgerton, tous les quatre devraient recevoir leur bilan de sortie cette semaine.

– Pourquoi cette hâte ? Ils ont encore au moins un mois de convalescence devant eux.

– On les réclame, dit-elle. (Sans la voir, Alfie devinait qu'elle haussait les épaules.) C'est ridicule, mais je ne vois pas ce que je peux faire.

– Moi, je peux faire quelque chose ! insista le médecin d'une voix où pointait la colère.

– Alors, faites-le, Arthur. Ces hommes ne survivront pas un autre mois là-bas. C'est criminel de les renvoyer au front. Bon sang ! Si le ministère de la Guerre n'a pas de considération pour leur santé, il pourrait au moins en avoir pour les autres soldats dont la vie sera mise en danger à cause de leur présence.

– Vous prêchez un convaincu, dit le médecin avec irritation. Écoutez, laissez-moi m'en occuper. Je ferai mon possible. S'il faut remuer ciel et terre, je le ferai. Maintenant parlons des cas du troisième étage. Que pouvons-nous faire avec… ?

C'est alors qu'Alfie éternua. Il se figea dans une grimace, espérant contre toute attente qu'ils ne l'avaient pas entendu, mais c'était impossible, évidemment.

Une seconde plus tard, le médecin et l'infirmière avaient contourné le comptoir et le dévisageaient, les yeux ronds.

– Mais qu'est-ce que… ? s'exclama-t-elle.

– Qui es-tu ? demanda le médecin d'un ton sec, furieux de trouver un garçon de neuf ans assis par terre.

– Je me suis perdu, dit Alfie.

– Perdu ? Comment cela, perdu ? Mais que fais-tu ici ? Explique-toi !

Alfie dit la première chose qui lui passa par la tête :

– Mon père est le livreur de lait – ce qui n'était pas tout à fait faux. Je l'aidais à faire sa tournée – ce qui l'était.

Le médecin et l'infirmière fixèrent le garçon, puis ils échangèrent un regard et revinrent à lui.

– Les livraisons se font à l'arrière de l'hôpital, dit le médecin en se détournant. Tu devrais le savoir. Sors par là, ajouta-t-il en lui indiquant une porte donnant sur l'extérieur. Et ne reviens jamais ici, tu m'entends ? Il y a des hommes malades dans cet hôpital. Ils n'ont pas besoin d'un enfant qui court partout en propageant je ne sais quelle maladie. En plus, tu pues. À croire que tu t'es fait pipi dessus. Tu ne te laves donc jamais ? Sors d'ici, pour l'amour du Ciel !

Alfie ne se le fit pas dire deux fois. Il courut jusqu'à la porte, le cœur battant à tout rompre, il perdit sa casquette en route, repartit la chercher et, l'espace d'une seconde, il eut l'impression que l'infirmière le regardait comme si elle avait compris qu'il mentait, mais il n'osa rien dire et se rua dehors.

La journée était lumineuse, étonnamment douce pour un début de mois de novembre. Alfie rabattit sa casquette sur ses yeux pour se protéger du soleil. Ses mains empestaient toujours l'urine, il mourait d'envie de les laver. Quand il vit la fontaine au milieu de la pelouse, il se précipita pour les plonger dans l'eau stagnante, en se disant que, même si elles sentaient mauvais après, cela ne pouvait être pire. Alors qu'il les secouait pour les sécher, son attention fut attirée par une longue allée gravillonnée qui longeait le côté de l'hôpital ; il décida d'aller voir où elle menait.

Arrivé devant un bouquet d'arbres, il jeta un regard circulaire à l'établissement et poussa un soupir exaspéré. En tournant à gauche, il repartait vers l'allée qui menait à la grille d'entrée, la gare, Londres, et sa mission secrète se solderait par un échec. À sa droite se dressait le bâtiment principal de l'hôpital et ses horribles pensionnaires. Rien n'aurait pu le convaincre d'y retourner. Il avait pitié des soldats blessés, mais à ses yeux ils n'avaient plus rien d'humain. Il ne comprenait pas pourquoi les médecins ne faisaient pas plus d'efforts pour leur venir en aide. Aucune infirmière ni aucun médecin n'était venu rassurer le pauvre homme terrifié par le sifflement de la bouilloire. Personne ne s'occupait d'eux, alors ? N'était-ce pas le travail de quelqu'un ? Les choses se passaient-elles ainsi dans l'hôpital où travaillait Margie ? Il ne pouvait imaginer sa mère laissant des malades souffrir comme les malheureux qu'il avait vus. Si son père était hospitalisé à l'East Suffolk, jamais il ne l'abandonnerait à un tel malheur.

Il aurait voulu être plus courageux et continuer ses recherches, mais il sentait la panique le gagner à l'idée d'être aussi loin de chez lui. Il ne s'était jamais aventuré à plus de quelques kilomètres de Londres et voilà qu'il était parti dans un autre comté à plus de deux heures de train de Damley Road. En fait, il était affolé. Il détestait cet hôpital. Il abhorrait le bâtiment, l'odeur ignoble, les gens affreux, la plainte insoutenable. Il exécrait tout cela et voulait rentrer chez lui. Pour une raison inconnue, la bouche édentée de Joe Patience et son œil violet, vert et jaune lui revinrent à l'esprit. Il ne s'expliquait pas son désintérêt à l'égard de ce qui était arrivé au plus vieil ami de son père. Pourquoi ne lui avait-il pas demandé comment il allait ? Georgie, lui, se serait arrêté ; Alfie avait poursuivi son chemin.

Il fit demi-tour. Il s'apprêtait à revenir sur ses pas quand il aperçut une ouverture dans une haie sur sa gauche, à quelques mètres de distance. La haie était taillée avec le même soin que la pelouse mais, au beau milieu, un passage de la largeur d'une porte ouvrait sur un autre jardin. Quelque chose – une envie d'explorer peut-être – le poussa à aller voir ce qui se cachait derrière.

L'ouverture donnait sur un passage qui zigzaguait dans la haie comme un labyrinthe. Alfie en parcourut une première partie dans un sens, puis une deuxième dans l'autre et enfin une troisième dans le même sens que la première. Ce n'est qu'une fois parvenu au bout du dédale que la haie laissa la place à un merveilleux jardin d'agrément, agencé en parterres de forme classique, séparés par des allées. À l'extrémité miroitait un petit bassin. À sa surprise et son désarroi, d'autres hommes étaient installés dans le jardin – une demi-douzaine, couchés sur des chaises longues, à bonne distance les uns des autres. Ils étaient en robe de chambre et avaient sur les genoux une épaisse couverture écossaise. Alfie avait débouché dans le jardin juste à côté d'un de ces hommes. Il observa le malade avec des yeux inquiets. Le plus éloigné d'entre eux se trouvait à quelques mètres de là, de dos. Il portait un chapeau de paille et gardait la tête baissée.

À l'apparition d'une infirmière, Alfie se dissimula dans la haie. Elle adressa quelques paroles à chacun avant de s'éloigner et de disparaître par un autre accès dans la haie un peu plus loin. Alfie sortit de sa cachette. Sur une petite table étaient disposés des livres, des journaux, quelques pommes et une carafe d'eau. Il s'approcha. La une des journaux avait été soigneusement retirée et il ne restait que les pages abordant des sujets insignifiants : problèmes avec les mineurs, projet de loi sur l'éducation présenté au

Parlement… On y voyait aussi la photographie du roi George et de la reine Mary à une exposition et une autre du prince de Galles adressant un discours à un groupe d'infirmières. Alfie ne put se retenir. Il avait soif. Il se servit un verre d'eau qu'il avala d'un trait, puis il poussa un « Aaaaaah ! » de satisfaction.

Il se retourna et vit l'homme qui était le plus proche de lui le dévisager. Il était jeune. Il avait des cheveux noirs et gras, et un début de barbe. Quelque chose dans son visage lui fit penser au vieux Bill Hemperton, le jeune Bill Hemperton aurait pu avoir cette tête-là.

– Qu… qu… qu… qui êtes-vous ? demanda l'homme en butant sur les mots, les yeux rivés au sol.

– Personne, répondit Alfie.

– Vous êtes forcément qu… qu… qu… quel… qu'un.

Alfie songea à répéter qu'il était le fils du livreur de lait, mais il ne voulait pas lui mentir, même si ce n'était pas vraiment un mensonge mais une sorte de mensonge.

– Je recherche un malade.

L'homme acquiesça et lui fit signe d'approcher. Alfie était hésitant. L'homme tendit la main et agita les doigts, l'air de rien.

– Plus près, dit-il, et Alfie avança prudemment. Plus près, répéta l'homme, et Alfie obtempéra. Plus près ! chantonna-t-il.

Cette fois, Alfie fut nez à nez avec l'homme.

Soudain, celui-ci pivota sur son siège et attrapa Alfie par le menton.

– Je n'irai pas, vous m'entendez ! siffla-t-il d'une voix sourde en postillonnant sur le visage du garçon. Je n'irai pas. Vous ne pouvez pas m'obliger. Prenez-en un autre. Vous ne pouvez pas m'obliger, vous m'entendez ?

Alfie se dégagea, le souffle court ; il tourna les talons, à la recherche de la sortie, mais la haie semblait s'être refermée sur elle-même et le soleil brillait avec une telle intensité qu'il en fut aveuglé. Il fit volte-face. Il avait le vertige. Il choisit une direction et prit ses jambes à son cou. Il fallait qu'il s'en aille, qu'il rentre chez lui. Il ne pouvait rester plus longtemps dans cet endroit effroyable. Il courut, certain de revenir à son point de départ… mais non, il se retrouva au bout du jardin, à l'endroit où l'homme à la tête baissée et au chapeau de paille était allongé. Alfie passa en trombe devant cette personne, en regardant droit devant lui. Aucune sortie n'était en vue. Il fit demi-tour et, cette fois, il aperçut la trouée au loin et poussa un soupir de soulagement, n'accordant qu'un bref coup d'œil à l'homme sur la chaise longue en repassant devant lui. Bref mais assez long pour qu'il reçoive un choc en le reconnaissant. Alfie revint sur ses pas et fixa l'homme avec des yeux écarquillés.

Ce dernier leva la tête et Alfie en eut le souffle coupé.

– Papa !

C'était bien Georgie Summerfield. Il se rongeait

les ongles et regardait son fils en plissant les yeux, comme s'il ne voyait pas de qui il s'agissait, puis il secoua la tête et fixa ses pantoufles. Il était plus mince que dans le souvenir d'Alfie. Ses pommettes étaient plus marquées, ses yeux paraissaient énormes et ses lèvres étaient toutes blanches avec de petites peaux sèches incrustées dedans.

– Papa, c'est moi ! cria Alfie en se précipitant sur lui. C'est Alfie.

Georgie ne sembla pas le reconnaître et continua de fixer ses pantoufles en secouant la tête. Puis il se mit à marmonner, Alfie ne comprenait rien à ce qu'il disait. Il se pencha mais les paroles de son père n'avaient aucun sens.

– … dans le dernier, bien sûr, là où il rangeait les gamelles, qui était-ce déjà ? Humberside, le meilleur d'entre nous, peut-être pas. Petey aussi, ils ont fini par l'avoir, il a coulé avec son navire, à ce qu'il paraît, pendant que le reste d'entre nous faisait Dieu sait quoi. « Restez où vous êtes et partez ! », voilà ce qu'on nous rabâchait à longueur de temps – c'est absurde, non ? Il y avait un… quoi donc ? un pamplemousse ? Non, bien sûr que non, il n'y avait pas de pamplemousse sur le front, je me trompe…

– Papa ! cria Alfie en mettant ses mains sur les épaules de son père, et il sentit que ses muscles vigoureux de livreur de lourds bidons de lait avaient fondu. Papa, tu ne me reconnais pas ? C'est moi, Alfie !

Georgie leva les yeux mais resta impassible. Il

sourit et retourna à sa contemplation. Il sembla sur le point de reprendre la parole, mais se ravisa, demeura immobile, ne dit rien, ne regarda rien.

– Papa, s'il te plaît, murmura Alfie. Je suis venu jusqu'ici pour te retrouver, pour te sauver !

Georgie se contenta de soupirer. À croire qu'il ne l'entendait pas. Alfie se redressa et jeta des coups d'œil désespérés autour de lui. Il regarda vers les autres malades, mais aucun d'eux ne pouvait l'aider. Il avait retrouvé son père, il avait fait tout ce chemin et l'avait retrouvé. Georgie n'était pas en mission secrète pour le gouvernement – c'était un mensonge. Tout le monde le savait, sauf lui. Mais quelle importance ? Georgie ne le reconnaissait même plus. Il ne reconnaissait plus son propre fils.

– Papa, supplia-t-il.

Pas de réaction.

– Papa !

Alfie sentit les larmes lui monter aux yeux, mais il était bien décidé à ne pas pleurer. Il resta figé, observant les hommes se balancer d'avant en arrière, certains bredouiller dans leur barbe, d'autres non, quand soudain son regard s'arrêta sur la table avec les journaux, l'eau, et il eut une idée. Il courut chercher un journal et le plia en deux, puis il plongea la main dans sa poche. Il retraversa le jardin et se posta devant son père, le journal plié devant lui. Georgie scruta son fils, puis le journal, puis son fils, une étrange expression sur le visage.

– Regarde ce que je t'ai rapporté, dit Alfie en ouvrant le journal pour lui montrer le bonbon acidulé à la pomme, celui que Marianne Bancroft lui avait donné dans le train et qu'il avait gardé pour plus tard.

Georgie fixa le bonbon, la petite bille vert, jaune et rouge, et lentement, le souvenir lui revint. Il déglutit et leva les yeux sur son fils.

– Alfie, dit-il.

9

Oh ! quelle charmante guerre !

Alfie leva les yeux au ciel d'exaspération en attendant que l'homme finisse son discours. La cohue était telle à King's Cross depuis une heure qu'il était devenu impossible de cirer des chaussures. Alfie avait même des difficultés à conserver son emplacement entre les quais, les guichets et le salon de thé, avec tous ces gens qui poussaient dans tous les sens autour de lui. La foule écoutait un homme qui, juché sur une caisse à thé, prétendait que la guerre allait bientôt finir, qu'il ne fallait pas perdre espoir et que tout serait terminé à Noël. La plupart des badauds l'acclamaient, certains le sifflaient mais furent bientôt conspués.

« Noël », songea Alfie en secouant la tête avant de sauver de justesse une de ses brosses en crin de cheval qu'un gros homme en costume noir allait écraser sous son pied. « Cela fait des lustres que la guerre doit finir à Noël. » Que disait Georgie dans une de ses lettres ? « Ce qu'on ne sait pas, c'est quel Noël. »

Il sortit *Robinson Crusoé* de sa poche et commença à lire en s'efforçant d'ignorer les hourras et les huées qui fusaient dans le hall de la gare.

– Je vous le dis, rugit l'homme debout sur la caisse, le sacrifice auquel vous avez tous consenti, que vos êtres chers ont fait, ne sera jamais oublié !

Il prononça « jamais » d'une voix tonitruante et l'assistance applaudit à tout rompre.

– Nous gagnerons cette guerre avec les honneurs et nous ramènerons nos enfants au pays !

D'autres applaudissements nourris, d'autres bousculades et, cette fois, une femme faillit tomber sur Alfie. Elle avait eu le culot de poser ses mains sur sa tête pour ne pas perdre l'équilibre. Il en fut scandalisé, absolument scandalisé.

– Ensemble, nous irons de l'avant ! poursuivit l'homme. Unis contre la tyrannie ! Résolus ! La victoire est à portée de main – la fin est proche –, gardez le cœur et l'esprit solides et nous mettrons fin à ce conflit sans plus d'effusions de sang. Merci à vous tous !

Les badauds poussèrent des cris de joie et jetèrent leurs chapeaux en l'air – à l'exception d'un homme, un peu en retrait, qui secouait la tête. Il se retourna et remarqua qu'Alfie le regardait.

– Pour être proche, la fin est proche, dit-il.

Mais Alfie détourna les yeux et fut heureux de constater que la foule se dispersait enfin. Il jeta un coup d'œil à l'horloge monumentale au-dessus des guichets : deux heures moins le quart. Il pouvait encore gagner un peu d'argent si la chance lui souriait.

– Cireur de chaussures ! cria-t-il en essayant de mettre autant de conviction dans sa voix que l'orateur l'avait fait pour ameuter la foule tout à l'heure. Cireur de chaussures !

– Je crois que je vais vous demander de cirer mes chaussures, jeune homme, dit une voix derrière lui.

Alfie se retourna et découvrit l'orateur en personne, qui le considérait avec un petit sourire. Il était grand, portait une grosse moustache et une raie séparait ses cheveux noirs. Il paraissait fatigué, comme s'il n'avait pas eu une vraie nuit de sommeil depuis des années, mais il avait un regard d'acier. Il s'exprimait avec un drôle d'accent qu'Alfie ne parvint pas à reconnaître.

– Je peux, n'est-ce pas ? demanda l'orateur à l'homme qui se trouvait à côté de lui et portait une serviette.

Celui-ci jeta un coup d'œil à l'horloge avant d'acquiescer.

– Oui, dit-il. Mais nous devons être au palais à trois heures.

– Cela nous laisse largement le temps, répliqua l'orateur en s'asseyant en face d'Alfie sur le siège réservé aux clients. Allez prendre une tasse de thé, Rhodhri, et laissez-nous bavarder, le garçon et moi. Je n'ai pas souvent l'occasion de parler à des enfants. Comment t'appelles-tu, mon gars ?

– Alfie.

– C'est un beau nom, commenta l'orateur en hochant la tête d'un air sage. J'avais un ami qui s'appelait Alfie quand j'étais petit. Il avait six épagneuls qu'il avait baptisés Alfie Ier, Alfie II, Alfie III et ainsi de suite, comme des rois.

– Hum, laissa échapper Alfie qui trouvait cela ridicule.

À sa connaissance, il n'y avait eu qu'un seul roi Alfred, Alfred le Grand. Cela sonnait bien : Alfie le Grand !

– Bref, au travail, mon gars, dit l'orateur. Le bout bien brillant, retire la poussière sur les côtés et arrange-toi pour me débarrasser de ces éraflures sur les talons. Ne lésine pas sur le cirage non plus.

Alfie hocha la tête, sortit ses brosses et ses pots, et plaça le pied gauche de l'orateur sur la planchette prévue à cet effet.

– Je ne devrais peut-être pas te poser la question, dit celui-ci un instant plus tard, mais tu n'as pas école aujourd'hui ? À moins que toutes les écoles de Londres n'aient fermé et que personne n'ait pris la peine de m'en avertir !

– J'étais malade, monsieur, dit Alfie.

– Dans ce cas, que fais-tu ici ?

– En fait, c'est mon instituteur qui était malade. Alors, on nous a donné une demi-journée de congé.

– Je n'en crois pas un mot. Mais nous n'allons pas nous fâcher pour un petit mensonge pieux. Au moins, tu gagnes de l'argent pour ta famille et tu ne traînes pas dans les rues à ne rien faire. Tu reverses bien tes gains à ta mère, j'espère ?

– Oui, monsieur, répondit Alfie en omettant de préciser qu'il en avait gardé une partie pour sa mission secrète et continuait d'en garder pour la deuxième partie, qui allait nécessiter davantage d'organisation que la première, car l'enjeu était encore plus grand.

– Parfait. Je reconnais que tu travailles très bien, ajouta l'orateur en observant le mouvement rapide des mains d'Alfie sur ses chaussures (Alfie qui ajoutait juste ce qu'il fallait de cirage par-ci, retirait une trace de boue par-là, ses chiffons et ses brosses semblant se mouvoir de leur propre chef). On voit que tu n'es pas un débutant. Un vrai professionnel !

– Merci, monsieur, dit Alfie en donnant une tape sur le bout de la chaussure gauche pour indiquer qu'elle était terminée.

L'orateur retira son pied et posa l'autre. Alfie se remit au travail.

– Mon cousin Thomas était cireur de chaussures à la gare de Llanystumdwy, annonça l'orateur en sortant une pipe de sa poche. (Il l'alluma en laissant l'allumette embraser le tabac dans le fourneau.) C'était un drôle de type, poursuivit-il. Il refusait de se faire couper les cheveux au motif qu'il avait peur des ciseaux du barbier. Il était persuadé d'avoir des terminaisons nerveuses dans les cheveux. C'était il y a longtemps. Somme toute, c'est agréable d'être assis là. J'ai rarement le temps de ne rien faire.

– Vous avez un métier, monsieur ? demanda Alfie, persuadé que l'homme était au chômage s'il avait le loisir de se planter au milieu d'une gare en pleine journée et de s'y donner en spectacle.

– Oh ! que oui ! répondit l'orateur.

– Faire des discours ?

– Entre autres. La politique ne devrait pas se résumer à parler des choses mais à les faire, tu n'es pas de mon avis ? Cependant, si on ne vient pas au contact de la population, les gens commencent à penser qu'on les oublie et cherchent ailleurs quelqu'un qui fera mieux le boulot. Tu sais qui m'a dit cela ?

– Non, monsieur.

– Le roi, répondit-il avec un sourire. Il fait parfois une remarque qui mérite d'être retenue. Il en a fait une l'an dernier, que j'ai consignée quelque part. Il ne devrait pas tarder à en faire une autre. L'espoir fait vivre.

Alfie s'arrêta au milieu de son lustrage et regarda l'orateur avec étonnement.

– Vous avez vraiment rencontré le roi ?

– Bien sûr, très souvent. Je le vois au moins deux ou trois après-midi par semaine. Il se trouve que j'ai rendez-vous avec lui dans une demi-heure.

Alfie sourit et secoua la tête. Dans son métier, il croisait toutes sortes de gens farfelus, et l'orateur avait beau paraître respectable, il était fou ou délirant ou les deux, sans l'ombre d'un doute. Alfie jeta un coup d'œil vers l'entrée de la gare, où un groupe d'hommes en costume fumaient une cigarette et bavardaient, quand il vit avec effroi une femme s'avancer au milieu d'eux et regarder autour d'elle, comme si elle était perdue. La dernière personne à laquelle Alfie se serait attendu. Sa mère, Margie.

– Tu travailles tous les jours, mon gars ? demanda l'orateur.

Alfie se retourna vers son client et cilla.

– Pardon, monsieur ?

– Je me demandais si tu travaillais tous les jours. Tu peux me dire la vérité, je n'en rendrai pas compte au Conseil.

– Quatre jours par semaine, répondit Alfie, qui faisait confiance à l'orateur pour ne pas le répéter au directeur de l'école. Les mardi, mercredi, vendredi et samedi. Je vais en classe le lundi et le jeudi.

– Et le dimanche ?

– Le dimanche, je me repose, dit-il en se retournant à nouveau pour voir sa mère fouiller dans son sac.

Lorsqu'elle releva la tête, Alfie ramassa sa casquette, vida les pièces dans le fond de la boîte à cirage de M. Janáček et enfonça son couvre-chef sur ses yeux pour tenter de passer inaperçu.

– Tu n'es pas le premier à faire cela, dit l'orateur. Que donnerais-je pour me reposer le dimanche ! J'aurais l'impression de vivre tous mes Noëls en même temps.

Alfie se risqua à un autre coup d'œil derrière lui.

Sa mère était plantée au milieu du hall et examinait le panneau d'affichage, puis elle vérifia l'heure à l'horloge au-dessus des guichets. Soudain, avant qu'il ait pu se détourner, elle regarda dans sa direction. Il baissa les yeux sans attendre, rabattit sa casquette, et continua son travail. En glissant un œil sous sa visière, il eut soudain le cœur serré. Sa mère se dirigeait droit vers lui d'un air incrédule. Alfie secoua la tête, accablé, et il attendit. Il s'était fait prendre. Le pot aux roses était découvert.

Il ne pourrait jamais accomplir la deuxième partie de sa mission secrète. Georgie serait condamné à rester dans cet endroit horrible le restant de ses jours.

– Je n'y crois pas, dit Margie en le dominant de toute sa hauteur. Je me suis demandé si mes yeux me jouaient des tours.

Alfie s'apprêtait à retirer sa casquette, mais il n'en eut pas le temps, l'orateur prit la parole.

– Si vous vous demandez si je suis celui que vous pensez que je suis, alors oui, je le suis.

– Je m'en doutais, dit Margie. Je vous ai reconnu grâce aux journaux.

– David Lloyd George, se présenta l'orateur en tendant sa main.

– Margie Summerfield, répondit Margie.

– C'est un plaisir, madame.

Alfie retint son souffle. Était-ce possible qu'elle ne l'ait pas vu ? Elle était pourtant juste au-dessus de lui, mais il avait, il est vrai, le visage dissimulé sous sa casquette. Elle n'accordait même pas un regard au cireur de chaussures.

– Je n'aurais jamais cru que le Premier ministre ait le temps de faire cirer ses chaussures en plein milieu de l'après-midi. Vous êtes au courant qu'il y a une guerre ?

– Oui, madame Summerfield, répondit l'homme, dont la voix s'était faite plus grave. Mais même les Premiers Ministres ont le droit de s'accorder quelques minutes de repos.

Alfie n'en croyait pas ses oreilles. Le Premier ministre !

– Je regrette, dit Margie. C'était très grossier de ma part.

– Cela ne fait rien.

– Je suis si fatiguée.

– Je vous en prie, insista-t-il. Je ne l'ai pas mal pris. Nous vivons une époque usante.

– Puis-je vous demander quelque chose ?

– Je vous en prie.

Margie n'y alla pas par quatre chemins.

– Quand cette bienheureuse guerre va-t-elle finir ? Et par pitié, ne me dites pas à Noël. Donnez-moi une réponse honnête. Même si elle ne doit pas me convenir.

Après un long silence, M. Lloyd George poussa un soupir et haussa les épaules.

– Je n'en sais rien. Bientôt, j'espère. Très bientôt. Puis-je être franc avec vous ?

– Bien sûr.

– Elle finira cette semaine ou elle durera indéfiniment. Cela dépend de plusieurs points qui sont en cours de résolution. Mais j'ai bon espoir, madame Summerfield. Je garde espoir. Vous avez un mari au front ?

Margie fit un signe de dénégation.

– Plus maintenant.

– Je regrette.

– Non, vous m'avez mal comprise, s'empressa-t-elle de rectifier. Il n'est pas mort, il est à l'hôpital.

– Blessé ?

– Pas physiquement.

– Comment, dans ce cas ? demanda-t-il après une seconde de silence.

– On appelle cela une psychose traumatique, répondit Margie, et Alfie ouvrit de grands yeux : c'était l'expression qu'avait utilisée Marianne Bancroft dans le train.

– Ah, oui ! s'exclama M. Lloyd George. C'est effectivement le nom. M. Asquith m'en a parlé – c'est une affection qu'on a du mal à s'expliquer.

Alfie était stupéfait du tour ridicule qu'avait pris leur conversation. M. Asquith discutant de psychose traumatique ? Cette fois, il avait tout entendu.

– Quand un homme a les jambes arrachées par un obus, on a la preuve sous les yeux. Quand il prétend avoir l'esprit détruit…, dit le Premier ministre en laissant sa phrase en suspens.

– Vous insinuez qu'ils mentent ? s'insurgea Margie d'une voix glaciale. Que ce sont des lâches ? qu'ils ne veulent pas se battre ?

– Non, pas du tout, répondit-il. En vérité, je ne suis pas assez au fait de cette maladie.

– Alors, vous devriez peut-être vous renseigner.

– Oui, sans doute.

Margie vérifia l'heure à sa montre.

– Il est temps que je parte. Je vais voir mon mari à l'hôpital.

– Dans quel hôpital est-il ?

– L'East Suffolk & Ipswich.

– Une excellent institution ! Je lui souhaite un prompt rétablissement.

– Faites quelque chose, supplia Margie en se penchant vers lui, si bien qu'en tournant légèrement les yeux vers le bas et la gauche, elle aurait croisé le regard de son fils. Faites quelque chose pour que la guerre finisse. Je vous en supplie.

Sur ces mots, elle tourna les talons et s'éloigna en direction des guichets, ouvrant son sac en chemin pour prendre son porte-monnaie.

– Quelle femme désespérée ! commenta M. Lloyd George en se rasseyant avec un soupir. Elles sont nombreuses à avoir perdu leur homme ou l'avoir récupéré blessé. Parle-moi de ta famille, mon garçon. Tu as des frères ? un père ?

– Je n'ai pas de frères.

– Tu n'en as jamais eu ?

Alfie fronça les sourcils, c'était une bien étrange question. Puis il comprit où le Premier ministre voulait en venir.

– Non, dit-il. Je suis fils unique.

– Et ton père ? reprit M. Lloyd George avec une pointe d'appréhension dans la voix. Il va bien ?

– Il est en France, mentit Alfie. Il fait son devoir.

Une expression qu'il avait entendue maintes fois dans la bouche du vieux Bill Hemperton.

– J'espère qu'il restera sauf, dit le Premier ministre. Tu dois être fier de lui.

Alfie ne dit rien, il se contenta de hocher la tête et poursuivit le lustrage des chaussures. Il lança un regard en direction des guichets en se tenant de biais, dans l'espoir d'échapper au regard de sa mère si elle se retournait.

– Vous êtes vraiment le Premier ministre ? demanda-t-il l'instant d'après.

– Je le suis, mon gars. Si incroyable que cela puisse paraître. Je n'ai donc pas la tête d'un Premier ministre ?

Alfie réfléchit.

– Je n'en sais rien. Je ne sais pas à quoi ressemblent les Premiers ministres.

– Imagine un homme d'un mètre quatre-vingt-deux avec une moustache et une pipe. Accroche-lui un sourire amical à la bouche et donne-lui l'accent gallois et tu as le modèle du parfait Premier ministre britannique.

Alfie sourit. Gallois ! Bien sûr, voilà quelle était l'origine de son accent.

– Je connais quelqu'un qui veut devenir Premier ministre, dit-il.

– Ah oui ? Comment s'appelle-t-il ?

– Kalena Janáček. Et ce n'est pas un garçon, c'est une fille.

M. Lloyd George éclata de rire.

– Tu ne te trompes pas ? Ne veut-elle pas plutôt épouser un Premier ministre ?

Alfie se rembrunit.

– Non, elle veut devenir Premier ministre, elle-même.

– C'est une idée extrémiste, commenta Lloyd George en tirant sur sa pipe. Mais nous vivons une époque extrémiste. Aussi, je n'éliminerais aucune possibilité. Tu peux lui dire cela de ma part.

– Je ne la vois plus.

– Pourquoi ? Vous vous êtes disputés ?

– Vous l'avez déportée. Elle et son père. Ils ont été envoyés sur l'île de Man.

Le Premier ministre hocha la tête.

– Janáček, c'est bien le nom que tu as prononcé ? Ils étaient autrichiens ? polonais ?

– Anglais. Kalena est née à trois maisons de chez moi.

– Drôle de nom pour une Anglaise.

– Son père est originaire de Prague.

– Alors, moitié austro-hongroise, moitié anglaise, dans ce cas.

– Kalena n'est pas une fraction.

M. Lloyd George fronça les sourcils et regarda le garçon d'un air grave.

– Tu es intelligent, n'est-ce pas ? finit-il par dire après un silence qui s'éternisa.

Alfie se retourna encore une fois vers les guichets. C'était le tour de Margie, elle parlait à l'employé des chemins de fer.

– Comment les trouvez-vous, monsieur ? demanda-t-il en reculant pour permettre au Premier ministre d'examiner ses chaussures.

– Excellent travail, mon garçon. Je suis très satisfait. J'ai rendez-vous avec Sa Majesté dans vingt minutes et il est primordial de se montrer sous son meilleur jour quand on fréquente des souverains. Les têtes couronnées ont de bien curieuses marottes.

Alfie écarquilla les yeux, il avait du mal à croire qu'il venait de cirer des chaussures qui allaient bientôt se trouver devant le roi.

– Le roi a toujours des chaussures impeccables, ajouta Lloyd George. Je suppose qu'il a une personne à son service pour cela. Voire une escadrille. Il doit les former sur place. Ne serait-ce pas un poste de choix pour un garçon comme toi ? ajouta-t-il en souriant, et Alfie se mit à rire – c'était une idée extravagante. Bref, combien te dois-je ?

– Un penny, monsieur.

Le Premier ministre plongea la main dans sa poche et en sortit trois pièces d'un penny.

– Un pour toi, un pour ta mère et un pour ton père, dans l'espoir qu'il ne soit pas blessé. Au revoir, Alfie. Merci pour le cirage des chaussures, dit-il, et il rejoignit son compagnon, quand, au même moment, Margie quitta les guichets et le regarda droit dans les yeux.

Le Premier ministre avait l'habitude d'être dévisagé, il ne se détourna pas ; il s'inclina poliment et la salua en portant la main à son chapeau. Alfie se glissa derrière une colonne pour observer sa mère qui n'avait pas quitté Lloyd George des yeux. Puis Margie s'éloigna en direction du quai numéro deux pour prendre son train. Dès qu'elle fut hors de vue, Alfie se précipita devant le panneau d'affichage pour voir où elle allait.

Il ne fut pas surpris de découvrir que sa destination était Ipswich.

D'ordinaire, Alfie ne restait pas aussi tard dans l'après-midi à guetter le client. Il était cependant décidé à attendre l'homme qui venait en général le mardi. Le temps s'écoulait lentement, mais sa patience fut récompensée quand il vit arriver le médecin de l'hôpital d'East Suffolk & Ipswich, celui dont les papiers s'étaient envolés la semaine précédente. Alfie le regarda et déglutit.

– Cire-moi les chaussures, s'il te plaît.

Alfie répondit oui et se redressa. Il remit de l'ordre dans son matériel en attendant que l'homme s'installe et pose le pied sur la planchette.

– Je me rappelle t'avoir déjà vu. Tu étais là la semaine dernière.

– Je suis là toutes les semaines, monsieur. Je m'appelle Alfie.

– Docteur Ridgewell, répondit l'homme.

– Vous êtes soldat, monsieur ?

– Un genre de soldat. Avant la guerre, j'étais médecin consultant. À présent, je travaille dans un hôpital militaire.

– J'aimerais bien être médecin plus tard, dit Alfie, même si c'était archifaux – mais il n'ignorait pas que les adultes appréciaient que les garçons de son âge marquent un intérêt pour leur profession.

– Vraiment ? dit le Dr Ridgewell d'un air ravi. Il faut bien commencer quelque part. Crois-le ou non, autrefois, je gagnais mon argent de poche en faisant les livraisons du poissonnier tous les samedis. Mais j'ai eu de la chance. Mon père était médecin et son père avant lui. À l'hôpital, nous avons le Dr Morehampton, dont le père était charbonnier ; qui l'eût cru ? Et aussi le Dr Sharpely, qui est le fils d'un marchand de primeurs. Il faut de tout pour faire un monde. Que fait ton père, à propos ?

– Il est à l'armée.

– Évidemment. Très juste. Mais avant cela ?

– Il travaillait à la laiterie de Damley Road. Il conduisait la citerne.

– Un travail honnête, dit le Dr Ridgewell en hochant la tête, satisfait de la réponse d'Alfie. Et j'ose dire qu'il le retrouvera bientôt. Cette guerre sera finie à Noël. Il n'y a plus aucun doute, à présent.

Alfie ne fit pas de commentaire.

– Quelle sorte de médecin êtes-vous ? demanda-t-il quelques instants plus tard, tandis qu'il finissait la première chaussure et passait à la seconde.

– Comment cela ?

– Soignez-vous les grippes ou les jambes cassées ?

– C'est plus compliqué, répondit le Dr Ridgewell. Tu es sûr de vouloir connaître la réponse ?

Alfie acquiesça.

– Dans ce cas. Je m'occupe de soigner l'esprit des gars qui travaillent du chapeau, si tu vois ce que je veux dire. Des types qui ont une araignée au plafond. Des hommes qui ont un grain. Tu me suis ?

– Pas vraiment, répondit Alfie qui nageait en plein brouillard.

– Des fous, osa le Dr Ridgewell. Tu sais ce que signifie devenir fou, n'est-ce pas ?

– Oui. Il m'arrive d'avoir l'impression de le devenir.

– Alors, tu sais de quoi je parle. Je soigne des malades qui ont perdu la raison, poursuivit-il en se frappant la tempe de l'index. Ils sont très nombreux ces temps-ci. Ce sont des hommes qui reviennent des tranchées, vivants, bien sûr. Ils ont été témoins d'atrocités et sont traumatisés. Cette guerre fait des ravages sur le cerveau.

– Et qu'est-ce qu'ils deviennent ? demanda Alfie, qui cessa de cirer la chaussure en relevant la tête.

– Cela diffère d'un homme à un autre, répondit le Dr Ridgewell. Certains ne s'en sortent pas. Il est encore trop tôt pour se prononcer, mais il semble que ceux-là sont perdus pour la vie. D'autres ont seulement besoin d'être secoués pour reprendre leurs esprits. La plupart mettront des années à se rétablir. Comme je le disais, chaque cas est particulier. Il n'y a pas de règle absolue.

– Est-ce qu'on en meurt ? demanda Alfie, soucieux.

– Mon Dieu, non. Ce n'est pas une maladie mortelle. Bien qu'on puisse classer certains malades parmi les morts vivants. Ils ont subi tant de bombardements, de tirs d'obus, ont vu tant de choses effroyables que leur esprit s'est replié sur lui-même en disant : « Tu vas de ton côté et moi, du mien. » Ce sale boulot, c'est le mien : essayer de remettre ces malades sur pied… Au fait, où en sommes-nous ? Tu as terminé ?

Alfie hocha la tête et retira son chiffon.

– Elles sont comme neuves.

– C'est un sans-faute, dit le Dr Ridgewell. Tu es vraiment très doué. Si un jour tu choisis la médecine, ce sera une grande perte pour l'art de cirer les chaussures !

Il se leva et lança un penny dans la casquette d'Alfie.

– Au revoir et à la semaine prochaine, je suppose.

« Oui, songea Alfie tandis que le médecin s'éloignait. Peut-être. »

10

Chut ! voilà un obus !

La peinture verte de la porte commençait à s'écailler et le rouge apparaissait par endroits. Alfie attendait devant avec anxiété, ne sachant plus si son idée était la bonne. Mais, avant qu'il puisse en décider, la porte s'ouvrit et il se trouva nez à nez avec Joe Patience, l'objecteur du numéro seize.

– Alfie ! s'écria-t-il, surpris. Il me semblait bien avoir entendu quelqu'un. J'étais inquiet. Je suis soulagé que ce soit toi.

Il scruta la rue pour s'assurer qu'il n'y avait personne d'autre, puis recula dans l'entrée.

– Bonjour, monsieur Patience.

– Monsieur Patience ? Je m'appelle Joe, tu le sais bien. Qu'est-ce qui t'amène ? Cela fait longtemps que tu n'es pas venu frapper à ma porte.

– Je voulais vous demander quelque chose. J'ai besoin de votre aide.

Joe haussa un sourcil. Le bleu autour de son œil s'était résorbé au cours des derniers jours, les différentes couleurs avaient laissé place à une auréole bleu clair et la peau était moins tuméfiée.

– Je ne savais pas à qui m'adresser à part vous, poursuivit Alfie. Je suis en mission secrète. Enfin, j'étais en mission secrète, mais j'en ai une autre en projet.

Joe plissa les yeux, hésitant. Puis il finit par s'écarter et fit signe à Alfie.

– Tu ferais mieux d'entrer. Je n'aime pas laisser ma porte ouverte trop longtemps.

Alfie avait toujours eu l'impression étrange de rentrer chez lui chaque fois qu'il pénétrait dans la maison d'un voisin de Damley Road, à quelques infimes différences près. Les pièces étaient toutes de forme et de taille identiques, les couloirs suivaient la même direction – ou le sens exactement opposé –, et lui, qui connaissait par cœur le moindre meuble, le moindre objet appartenant à sa famille – bibelots, coussins, etc. –, était soudain étonné d'en découvrir d'autres.

Il examina le salon de Joe et fut frappé par le nombre de livres. Des étagères couvraient les murs sans laisser le moindre espace vide, certains ouvrages étaient écrits dans une langue qu'Alfie ne comprenait même pas. Joe surprit l'expression stupéfaite d'Alfie et sourit.

– Tu aimes lire, Alfie ? demanda-t-il.

– Je lis *Robinson Crusoé*. M. Janáček me l'a offert pour mes cinq ans. Je le déchiffrais à peine au début, mais depuis, je l'ai lu trois fois. C'est le meilleur livre du monde.

– C'est un bon livre, mais tu devrais réserver ton jugement jusqu'à ce que tu en aies lu d'autres. Et à part celui-ci ?

Alfie secoua la tête.

– Je n'ai lu que des contes à l'école, mais aucun n'arrive à la cheville de *Robinson Crusoé*. Vous les avez tous lus ? demanda-t-il en essayant de calculer le nombre de volumes que contenait la pièce.

En se penchant en arrière, il remarqua que, dans le couloir, les murs aussi étaient encombrés de livres et que, même dans la cuisine, une énième rangée surplombait la cuisinière. La clarinette de Joe était posée sur la table. Autrefois – avant la guerre, bien sûr –, il en jouait dehors et toute la rue en profitait. À présent, il ne jouait plus que chez lui, en privé.

– Oui, j'ai lu la plupart de ces livres. Je n'ai rien à faire d'autre ces temps-ci. Vas-tu me dire l'objet de ta visite ou faut-il que je le devine ?

Alfie réfléchit à la meilleure façon de formuler sa requête. Joe avait le même âge que Georgie – trente et un ans – mais il paraissait beaucoup plus âgé. Il avait de grosses poches sous les yeux – peut-être en raison d'un excès de lecture ou du manque de sommeil. Une cicatrice lui barrait la joue et, juste au-dessus de sa tempe gauche, ses cheveux ne poussaient plus, comme s'il avait été grièvement brûlé à cet endroit.

– Vous connaissez mon père, finit par dire Alfie.

– Bien sûr, répondit Joe en se retenant de rire. Nous avons grandi ensemble, tu le sais bien.

– Et vous connaissez la guerre ?

Joe resta silencieux un instant, puis il acquiesça.

– Oui.

– Alors voilà, quand mon père était à la guerre, il nous écrivait tout le temps et il avait l'air de bien s'amuser, commença Alfie avec l'impression que les mots venaient tout seuls et même se bousculaient, dans sa volonté de ne rien omettre. Et puis un jour, nous n'avons plus reçu de lettre. Du moins, c'est ce que je croyais. En réalité, ma mère les gardait pour elle, car elle ne voulait pas que je les lise. Finalement, je les ai trouvées – elle les cachait sous son matelas – et je les ai lues. La plupart n'avaient ni queue ni tête ; pas au début, quand il racontait les choses horribles qu'il vivait, mais ensuite, quand tout s'est embrouillé.

– Doucement, doucement, dit Joe en levant la main pour l'arrêter. Ton père est parti à la guerre, jusque-là, j'ai compris. Si tu es inquiet parce qu'il ne donne plus signe de vie – figure-toi que les soldats ne peuvent pas toujours écrire. Ils se battent, bien sûr, et…

– Mon père ne se bat pas, l'interrompit Alfie.

– Vraiment ? demanda Joe en détournant les yeux, ce qui stupéfia Alfie.

– Vous êtes au courant ? Vous savez pour mon père !

– Je sais quoi ?

– Vous savez !

– Alfie, tu racontes des bêtises.

– Mon père est à l'hôpital, à quelques heures de Londres. Il y est depuis… Je n'en sais rien.

– Ah !

– Mais je ne suis pas censé le savoir.

– Alors comment l'as-tu appris ?

– Je suis futé, répondit Alfie. Je l'ai deviné. Mais vous étiez dans le secret, n'est-ce pas ? Je le vois.

Joe acquiesça.

– Oui, c'est vrai. Tu lui as rendu visite, Alfie ?

– Oui.

– Il t'a reconnu ?

– Pas tout de suite. Mais ce n'était pas comme avant. Il m'a reconnu et puis plus. Ensuite des infirmières sont arrivées et j'ai dû filer. Mais juste avant, il a crié quelque chose. Les infirmières n'y ont pas prêté attention ; moi, si. J'ai entendu le mot et c'est à moi qu'il l'adressait.

– Qu'a-t-il dit ? demanda Joe.

– « Maison. »

Joe haussa un sourcil et alluma une cigarette. Alfie avait remarqué que chaque fois qu'un adulte voulait s'accorder un instant de réflexion, il sortait ses cigarettes et ses allumettes.

– Et vous, Joe, vous êtes allé le voir ?

Joe hocha la tête et tira sur sa cigarette.

– J'y suis allé une fois par semaine, toutes les semaines. Enfin, depuis que je suis sorti de prison.

– Pourquoi ne me l'avez-vous pas dit ?

– Ta mère ne le voulait pas. Maintenant que tu

es dans le coup, il est inutile de mentir. Qu'en pense Margie ?

– Elle ne sait pas, reconnut Alfie. Je ne le lui ai pas dit.

Joe hocha la tête et ne semblait pas surpris.

– Est-ce que je peux vous poser une question ? demanda Alfie après un silence qui s'éternisait.

– Bien sûr, ce que tu veux.

– Pourquoi vous appelle-t-on l'objecteur du numéro seize ?

Joe se rembrunit.

– Parce que c'est mon adresse.

– Non, dit Alfie. Ça, je le sais. Qu'est-ce qu'un objecteur ?

Joe eut une ébauche de sourire.

– Tu l'ignores ?

– Oui.

– Ce n'est pas un mot comme les autres, c'est une sorte de diminutif. Comme le vieux Bill Hemperton qu'on appelle Bill alors que son prénom est William.

– Quel est le nom complet d'objecteur, alors ? demanda Alfie.

– Objecteur de conscience, répondit Joe. C'est ainsi qu'on qualifie ceux qui refusent de partir à la guerre pour des raisons humanitaires, religieuses ou politiques.

Alfie fronça les sourcils et fixa les motifs compliqués du tapis sous ses pieds. Le sens des mots qu'employait Joe lui échappait. Il releva la tête, perplexe.

– Au début, expliqua Joe, avant la conscription,

les hommes s'engageaient pour partir à la guerre de leur propre chef. Ton père l'a fait le premier jour, tu te rappelles ?

Alfie acquiesça.

– Je le revois paradant dans Damley Road, en uniforme, fier comme Artaban, poursuivit Joe. J'étais dehors, je nettoyais mes carreaux. Je lui avais crié : « Georgie, tu ne t'es quand même pas engagé, n'est-ce pas ? Dis-moi que ce n'est pas vrai. – Je me bats pour mon roi et pour mon pays, m'avait-il répondu. – Pour qui ? Il a fait quoi le roi pour toi ? – Rien de particulier, mais un homme se doit de… » et il avait enchaîné avec toutes les inepties habituelles. Je me rappelle l'avoir regardé, Alfie, comme s'il avait perdu l'esprit, la raison. « Tu es fou, lui avais-je lancé. – Tu dis cela maintenant, Joe, mais ton heure viendra. Tu verras que tu te seras engagé avant la fin de la semaine. – Ce jour-là, Georgie, les poules auront des dents ! Je ne m'enrôlerai pas pour tuer des gens. Les Allemands ne m'ont jamais rien fait. » Ton père avait ri et répété que mon heure viendrait. Je l'avais suivi des yeux tandis qu'il rentrait chez vous en me demandant ce qui allait se passer sous votre toit, quelles seraient la réaction de ta mère et la tienne.

– Mamie Summerfield a dit que c'était la fin, cette fois, c'était la fin, intervint Alfie.

– Elle n'avait pas tort, n'est-ce pas ? Il faut écouter ta mamie, Alfie. Les anciens sentent les choses. Ils en ont vu au cours de leur vie.

– Elle ne vous aime pas beaucoup.

– Autrefois, si. Elle ne me comprend pas, voilà tout. Mais c'est une bonne personne, Alfie. Elle a fait beaucoup pour moi quand j'étais petit. Elle m'a soigné au moment où… Enfin, elle s'est occupée de moi après…

– Après quoi ? demanda Alfie.

– Mon père me battait comme plâtre, dit Joe en regardant ses pieds, qu'il remuait lentement sur le tapis. Ma mère prenait des tannées aussi. Il savait se servir de ses poings, mon père. J'avais peur de lui, bien sûr. Ma mère aussi. Devine qui n'avait pas peur de lui ?

– Qui ?

– Ta mamie Summerfield, répondit Joe. Elle me cachait dans son armoire quand il était d'humeur massacrante. Une fois, il a même failli défoncer la porte de ta grand-mère. Il me cherchait partout sous prétexte que j'avais oublié de nettoyer la fosse derrière le petit coin. Sans se démonter, elle avait brandi un rouleau à pâtisserie et elle lui avait dit : « Si tu ne sors pas de cette maison tout de suite, Sam Patience, je te casse la tête en deux, tu as compris ? » Elle avait dû l'impressionner, car il était parti sans demander son reste. C'est une dure à cuire, la vieille chouette, je lui reconnais cela.

Alfie s'efforça d'imaginer mamie Summerfield faisant plier une brute.

– Et puis, quand j'ai eu ton âge, reprit Joe, elle a fait en sorte qu'il cesse de nous battre.

– Comment cela ?

– Elle a demandé à une demi-douzaine d'hommes de Damley Road d'aller lui rendre une petite visite, pour lui souffler dans les bronches et lui mettre les points sur les « i ». J'ignore ce qu'ils lui ont dit, mais après cela, mon père n'a plus jamais levé la main sur ma mère ni sur moi. Lorsqu'il est mort – renversé par la charrette d'un charbonnier en rentrant ivre à la maison –, ta mamie s'est débrouillée pour que nous ne manquions de rien. Je sais ce qu'elle pense de moi, Alfie – je le lis sur son visage chaque fois que je la croise dans la rue – mais je lui dois beaucoup. J'aimerais le lui faire comprendre.

– Elle n'aime pas les objecteurs de conscience mais elle ne voulait pas non plus que mon père s'enrôle. Ce n'est pas logique.

– Écoute, Alfie, dit Joe en éteignant sa cigarette avant d'en allumer une autre. Je n'étais pas d'accord avec la décision de ton père, moi non plus. J'ai cru qu'il était fou. Mais malgré tout, j'étais admiratif, car il ne pensait pas qu'à lui, même si le sort de sa famille lui importait, bien sûr. Il régnait un tel enthousiasme pour l'engagement en 14, Alfie ! Il est parti comme tant d'autres du quartier. Tout le monde semblait croire qu'il s'agissait d'une rigolade... Mais au moins ton père a survécu. Pense à Charlie Slipton, qui habitait au vingt et un. Il n'a pas fait de vieux os.

– Un jour, il m'a lancé un caillou à la tête sans raison, se rappela Alfie avec rancune.

– Il visait peut-être autre chose et il aura raté sa cible. Le caillou t'a sans doute atteint par erreur. Bref, quand la conscription a été décrétée en 1916, tout homme valide entre dix-huit et quarante et un ans devait partir sous les drapeaux, à moins d'être veuf et d'avoir un enfant ou deux à charge. Sans discussion possible ! Sans pouvoir donner son avis ! C'est alors que les objecteurs de conscience sont intervenus – les « objecteurs », comme on nous appelle. Nous étions nombreux. Nous avons résisté et refusé de nous battre.

– Vous aviez peur ? demanda Alfie.

– Oui ! s'exclama Joe en se penchant en avant, les yeux plantés dans ceux d'Alfie. Bien sûr que j'avais peur. Seul un imbécile n'aurait pas eu peur de partir dans un pays étranger creuser des tranchées et tuer autant d'inconnus que possible pour ne pas être tué à son tour. Il fallait être fou pour ne pas être mort de trouille. Mais ce n'est pas la peur qui m'a empêché d'y aller, Alfie. Ce n'était pas par crainte d'être blessé ou tué. Plutôt le contraire. Je ne voulais pas tuer quelqu'un. Je n'ai pas été mis au monde pour supprimer mon prochain. J'ai grandi au milieu de la violence – tu comprends cela ? Je ne la supporte pas. Ce que mon père m'a fait subir… a brisé quelque chose en moi. En revanche, si je sortais dans la rue maintenant et que je frappe un homme à la tête avec un marteau, que je l'envoie six pieds sous terre, on me jetterait en prison. Je serais peut-être même pendu.

Et pour avoir refusé d'aller en France faire la même chose, j'ai été jeté en prison. Où est la justice dans tout cela, tu peux me le dire ? Quelle est la logique ?

Alfie se remémora la période pendant laquelle il n'avait plus vu Joe Patience, presque deux ans. Et à son retour à Damley Road, Joe était différent. Il semblait plus âgé, plus triste et il était couvert de cicatrices.

– Que vous est-il arrivé ? demanda Alfie.

– On m'a inculpé, je suis passé en jugement, j'ai été traité de lâche et on m'a envoyé en prison. Au moins là, personne ne me fourrait plus de plume blanche dans les mains où que j'aille.

Alfie fronça les sourcils.

– Une plume blanche ?

– C'est ce que les gens font, surtout les femmes. Les hommes attaquent, eux. Les femmes tendent une plume blanche à tous les hommes jeunes en civil qu'elles croisent, pour leur signifier qu'ils sont des lâches. C'est sordide, Alfie. Elles viennent vers vous dans la rue, tout sourire, et s'approchent comme si elles étaient de vieilles amies perdues de vue, des cousines oubliées, d'anciennes camarades de classe ou comme si on leur plaisait, et lorsqu'on s'arrête, elles plongent la main dans leur sac sans un mot, prennent une plume et vous la fourrent dans la main. Puis elles s'en vont, sûres d'elles. Elles ne prononcent jamais une parole, mais les gens observent ce qu'elles font, toute la rue le voit et regarde. Elles feraient mieux de nous marquer au fer rouge du mot « lâche ». C'est une épreuve épouvantable, Alfie.

Le souvenir du jeune homme qui avait fait cirer ses chaussures avant les obsèques de son frère revint à l'esprit d'Alfie. Il avait parlé d'une expérience similaire. « Une femme est venue vers moi en plein Piccadilly Circus. Elle a ouvert son sac à main et devant tout le monde, elle... elle... »

– Et la prison, c'était comment ? demanda Alfie.

– À ton avis ? répondit Joe. J'ai été jeté en prison parce que je ne voulais pas me battre et je ne me suis jamais autant battu que là-bas. Les détenus en avaient après moi à cause de mes opinions. Pas tous, bien sûr. Il y avait parmi eux des objecteurs qui se sont fait tabasser à leur tour. Tu vois cette cicatrice ? (Joe indiqua le sillon qui lui barrait la joue.) J'en ai hérité en prison. Et cela ? (Il pointa du doigt la marque de brûlure sur sa tempe.) Il vaut mieux que tu ne saches pas comment cela m'est arrivé ni ce que les autres m'ont fait. Bref, quand j'ai été libéré, je ne savais pas quoi faire. Alors, je suis rentré chez moi. Ce qui est drôle, c'est que j'en bave moins maintenant. Tu as remarqué que je boite ? (Alfie acquiesça.) C'est parce qu'un détenu m'avait pris en grippe. Avec cette claudication et mes cicatrices, je peux traverser Londres dans un sens et dans l'autre sans risquer qu'on me donne une plume blanche. Les gens s'imaginent que j'ai été blessé au front. Sais-tu comment cela s'appelle, Alfie ?

Alfie secoua la tête.

– De l'ironie, répondit Joe avec un pauvre sourire triste. C'est ce qu'on appelle de l'ironie. Lis d'autres livres que *Robinson Crusoé* et tu verras que ce mot apparaît de temps à autre.

– Et les bleus sur votre visage ? demanda Alfie. Les derniers.

– C'est ma faute, répondit Joe avec un sourire amer. Je n'aurais jamais dû ouvrir ma porte la nuit. Des ivrognes. Ils font des descentes après la fermeture des pubs.

Alfie réfléchit longuement à ce que Joe venait de lui confier. Il s'entendait respirer pendant qu'il repassait dans son esprit ces événements marquants de la vie de Joe. Ce dernier ne disait plus rien, il attendait qu'Alfie reprenne la parole.

– Vous n'avez pas envie de quitter Damley Road ? finit-il par demander. Les gens ont été tellement horribles avec vous. Pourquoi vous ne déménagez pas ?

– Où cela ? C'est chez moi.

– Dans un endroit où vous pourriez prendre un nouveau départ, vous marier, avoir des enfants.

Joe sourit et fit signe que non.

– Aucune femme ne me supporterait.

– Pourquoi ? J'ai lu dans le journal que les jeunes filles cherchaient toutes un mari. Il y a dinette de jeunes hommes à Londres, paraît-il.

– Disette, rectifia Joe.

– Et Helena Morris avait le béguin pour vous, tout le monde s'en était aperçu. Vous pourriez l'épouser.

– Je préférerais creuser un trou jusqu'au centre de la Terre avec ma langue, dit Joe en se frappant le genou du plat de la main d'un air inquiet. Certains hommes sont faits pour l'amour, Alfie. Ton père, par exemple, je n'ai jamais vu un homme aussi amoureux ! Et ta mère aussi. C'était si simple et si injuste. D'autres hommes n'ont pas cette chance…

– Pensez-vous que mon père a eu tort ? demanda Alfie. (Il ne savait pas précisément de quoi son interlocuteur parlait, mais il était persuadé que cela avait à voir avec ce qui avait mis Joe dans le pétrin.) D'aller à la guerre, je précise. Aurait-il dû rester à la maison et être objecteur comme vous ?

Joe secoua la tête.

– Ce n'est pas à moi de dire aux autres ce qu'ils doivent faire, penser ou ne pas penser. Je me contente de vivre ma vie. Ton père est un homme courageux, il a pris la décision qui lui semblait la meilleure. Mais je suis un homme courageux aussi. Tu peux ne pas me croire, Alfie, et ces femmes qui arpentent Trafalgar Square, Piccadilly Circus et Regent Street, persuadées de savoir ce qu'est le courage, ne me croiraient pas non plus. Et pourtant, je le suis.

– Je veux le ramener à la maison, dit Alfie.

– Qui cela ?

– Mon père.

Joe fronça les sourcils.

– Mais il est à l'hôpital !

– Son état ne s'améliore pas et c'est un endroit

affreux, qui pue. Il y a du sang partout, les malades pleurent ou deviennent fous. Je ne peux pas le laisser là-bas. Si je le ramène à la maison, nous pourrons l'aider à aller mieux, ma mère et moi. Nous le guérirons.

Joe marcha jusqu'à la fenêtre d'un air contrarié et jeta un coup d'œil dehors. Mme Milchin, qui habitait au numéro sept, cracha sur sa porte en passant devant chez lui.

– Il faut que tu en parles à ta mère, conseilla Joe.

– Non.

– Pourquoi ?

– Après avoir retrouvé mon père, je suis rentré à la maison pour prévenir ma mère. Je me suis dit qu'elle était peut-être sincèrement convaincue qu'il était en mission secrète pour le gouvernement. Mais ce soir-là, elle était déjà en route pour sa garde de nuit à l'hôpital et, à son retour, je dormais. Le lendemain, après qu'elle est partie travailler, je suis allé à King's Cross cirer des chaussures…

– Faire quoi ?

– Cirer des chaussures, répéta Alfie. Je fais ça pour aider ma mère. La guerre a beau faire rage, une multitude de gens ont envie d'avoir des chaussures qui brillent. Je fais mon devoir. Je l'ai vue monter dans le train pour Ipswich. Elle sait qu'il est hospitalisé là-bas mais a décidé de l'y laisser. Elle ne comprend pas qu'il serait préférable de le ramener à la maison.

Joe fit plusieurs fois le tour du salon dans un état de grande agitation.

– Elle a sans doute raison, Alfie. L'hôpital est le lieu idéal pour ton père. L'endroit est sordide, c'est vrai, mais il faut avoir confiance dans les médecins. Ils s'occupent de lui, ils le soulagent.

– Mais il m'a à peine reconnu ! cria Alfie en se levant. Il ne va pas mieux du tout. Ce n'est pas là qu'on le guérira. Moi, je le guérirai, sa place est ici, parmi nous.

– Alfie, pourquoi es-tu venu chez moi ? demanda Joe en levant ses mains en l'air. Pourquoi me raconter tout cela ?

– Parce que le vieux Bill Hemperton dit que vous êtes votre propre maître et que vous êtes le plus vieil ami de mon père. Je suis venu vous demander de m'aider.

– T'aider à quoi ?

– À le libérer.

Joe ouvrit des yeux comme des soucoupes.

– Le libérer ! Tu veux faire sortir ton père de l'hôpital ?

– Et le ramener à la maison. Je ne peux pas le faire tout seul. J'ai pensé que vous pourriez m'aider.

Joe secoua la tête.

– Je ne peux pas, Alfie. Tu crois l'aider mais tu risques de lui faire plus de mal que de bien.

– Non ! cria Alfie.

– Il faut que tu parles à ta mère ou à ta mamie ! Que tu leur dises ce que tu sais. Vous pourriez peut-être aller le voir tous les trois ensemble. Il apprécierait la visite des trois personnes qu'il aime le plus au…

– Non ! le coupa Alfie. Vous devez m'aider. Je n'ai confiance en personne d'autre.

– Je regrette, dit Joe en secouant la tête, mais je ne peux pas.

De rage, Alfie abattit ses poings sur le sofa. Un des coussins creva et toute la garniture s'échappa. Alfie regarda les plumes s'envoler ; il en attrapa une, une blanche, et courut la plaquer sur la poitrine de Joe.

Joe regarda la plume d'un air ahuri.

– Oh ! Alfie ! s'exclama-t-il avec un énorme soupir, plein de chagrin – plus de chagrin qu'Alfie n'en avait jamais entendu dans la voix d'un homme.

Au moment où Joe prononça son prénom, Alfie se rua dans le couloir, il ouvrit la porte d'entrée à la volée, sortit sans plus attendre et s'élança à perdre haleine dans Damley Road, mû par le désir de mettre une distance infranchissable entre les habitants de la rue et lui.

11

Range tes problèmes dans ton vieux paquetage

Tôt le matin, Alfie prit un train pour l'hôpital. Il était à la gare à dix heures. On était lundi et, normalement, il aurait dû aller à l'école – c'était le jour du cours d'histoire – mais il avait d'autres projets pour ce lundi. Il comptait sauver la vie de son père en le sortant de l'hôpital.

Un sac en toile jeté sur l'épaule, il acheta un aller-retour Londres-Ipswich et un aller simple Ipswich-Londres. (Georgie n'y retournerait pas.) Cette fois, il trouva son quai sans difficulté et s'installa dans un coin du compartiment, ne parla à personne et se plongea dans *Robinson Crusoé*.

Arrivé à proximité de l'endroit où Marianne et lui étaient descendus la semaine précédente, il vérifia si d'autres personnes s'arrêtaient là aussi, et, voyant qu'il était le seul, il se mit à redouter que le train ne s'arrête pas. Mais quelques minutes plus tard, à son grand soulagement, la locomotive ralentit et le train fit halte dans un grincement strident. Alfie sauta du marchepied, longea le sentier jusqu'à l'intersection, puis s'engagea sur le chemin qui conduisait à l'hôpital d'East Suffolk & Ipswich.

Il patienta quelques minutes devant la grille pour s'assurer que personne n'allait venir lui demander d'explications. Il courut derrière un arbre soulager un besoin pressant, puis, sentant le moment propice, il prit l'allée en quatrième vitesse. De l'entrée de l'hôpital surgit un chien qui grogna en le voyant. Alfie s'arrêta net, il avait peur des chiens depuis le jour où le terrier de Jack Tamorin, du numéro vingt, lui avait mordu la main alors qu'il lui tendait un os. Il avait trois ans. Alfie observa le chien dans l'attente de sa réaction, mais ce dernier se désintéressa de lui et disparut à l'intérieur.

Qui venait à l'hôpital avec un chien ? se demanda Alfie. Ce n'était pas très hygiénique.

Une fenêtre s'ouvrit dans son dos, il s'accroupit au pied du mur. Une jeune femme se pencha au-dehors pour regarder dans l'allée. Elle était si proche qu'il aurait pu la toucher en tendant la main, mais elle se contenta d'inspecter l'allée et, par chance, ne baissa pas les yeux vers le pied de la fenêtre.

– Il n'y a personne, Bessie, dit-elle en se retournant. Tu as des hallucinations, tu commences à délirer. Il est temps que ton Henry revienne, tu as bien besoin de lui.

– Si seulement tu disais vrai ! répondit une femme à l'intérieur. La dernière fois que j'ai eu de ses nouvelles, il était du côté d'Anvers. J'aurai de la chance si je le revois avant Noël.

– Tout sera terminé à Noël, dit la première jeune femme en refermant la fenêtre.

Alfie ne put entendre la réponse de son interlocutrice, mais il espérait qu'elle serait désabusée.

Il contourna discrètement le bâtiment et longea l'allée jusqu'au passage dans la haie derrière laquelle il avait trouvé les malades allongés au soleil, la semaine précédente. Il souhaitait que le jeune homme aux cheveux noirs et gras qui l'avait agrippé par le bras n'y serait pas. Mais cette partie du jardin était vide, les malades se trouvaient sûrement à l'intérieur du bâtiment. La table sur laquelle il avait vu les journaux et les pommes n'avait pas bougé, un merle était posé dessus, tendant la tête en tous sens à la recherche de miettes. Alfie s'avança prudemment et découvrit deux hommes étendus sur des chaises longues, emmitouflés dans d'épais manteaux, un plaid sur les genoux. Ils avaient l'air parfaitement calmes mais ne s'adressaient pas la parole. L'un des deux lui tournait le dos, comme Georgie la fois précédente, et Alfie ne pouvait voir son visage.

– Bonjour, bonjour ! dit l'homme le plus proche de lui en reposant son livre sur ses genoux avant de retirer ses lunettes. Qui es-tu donc ?

Alfie le regarda d'un air hésitant. Il n'avait aucune

envie de discuter avec les malades aujourd'hui, mais il était préférable de ne pas les contrarier, au cas où ils appelleraient un médecin ou une infirmière.

– Alfie Summerfield.

– J'avais un frère qui s'appelait Alfie, dit l'homme en lui souriant. Il est tombé à Ypres. Quel mot difficile à prononcer, tu ne trouves pas ? Ypres. J'ai mis longtemps à y arriver.

– Oui, monsieur, dit Alfie en passant devant lui pour aller voir l'autre homme au bout du jardin.

– Ne t'en va pas, dit le premier, et le ton suppliant de sa voix força Alfie de s'arrêter pour le regarder.

Il n'était pas très âgé, n'avait pas plus de vingt-cinq ans. Il ne portait pas de marque de blessure et semblait avoir eu droit à une toilette peu de temps auparavant, car il sentait le savon et ses cheveux étaient soyeux.

– Qu'est-ce que tu fais là ? Nous ne voyons pas souvent de garçons de ton âge par ici. Aucun, en fait.

– Je cherche mon père, répondit Alfie.

– Il est médecin ?

Alfie était sur le point de répondre par la négative et d'avouer que son père était un malade, mais il se ravisa.

– Oui. Je pensais le trouver ici, dit-il finalement.

– Nous ne voyons les médecins qu'à l'intérieur du bâtiment, dit l'homme. Les infirmières, en revanche, se déplacent. Ce n'est pas pour nous déplaire, elles sont beaucoup plus jolies. Mais dis-moi, où étais-tu ?

Alfie le dévisagea. Le sens de sa question lui échappait.

– Comment cela, où j'étais ?

– Oui, où étais-tu ? En France ou en Belgique ?

Alfie fronça les sourcils.

– Ni l'un ni l'autre.

L'homme se pencha en avant et lui lança un regard noir.

– Tu n'es pas objecteur, au moins ?

– Non, monsieur.

– Tant mieux, dit-il avec un soupir, et il se rallongea. Ça fait mal, n'est-ce pas ?

– Quoi donc ?

– Tu ne l'entends pas dans ta tête ? Moi si. Même si le jardin est calme ; d'ailleurs, je demande toujours qu'on m'y amène, quel que soit le temps. Je ne supporte pas d'être à l'intérieur. Tous ces gémissements, ces grincements de dents, c'est infernal par moments.

Fort à propos, un grand bruit se fit entendre, peut-être celui d'une porte qui claquait à cause du vent soufflant dans l'allée. Alfie se retourna vivement dans cette direction, puis ses yeux revinrent à l'homme, qu'il vit compter lentement à voix basse, les yeux fermés.

– C'est le Dr Ridgewell qui m'a conseillé de le faire, dit le malade juste après, en rouvrant les yeux et avec un pâle sourire. Je vais plutôt bien. Je rentre chez moi lundi. Quel jour sommes-nous ?

– Lundi, répondit Alfie.

– Oh ! s'exclama l'homme, ils ont dû se tromper. C'est un mot difficile, n'est-ce pas ? Ypres. C'est bien les Français ! Ils n'aiment pas la facilité. J'ai connu une fille à Paris. Une poupée ravissante. Elle travaillait dans un bistrot de l'avenue de La Motte-Picquet. J'ai envisagé de l'épouser, mais je sais ce que mon père aurait dit si je l'avais ramenée à la maison. Il déteste les continentaux et, comme il est fortuné, il s'imagine que tout le monde en veut à son argent. Je me fiche de l'argent. Bien sûr, c'est facile à dire quand on en a beaucoup.

Alfie tourna les yeux vers le second malade à l'autre bout du jardin, et, comme si celui-ci avait senti le regard du garçon posé sur lui, il se retourna. Ce n'était pas Georgie.

– Il faut que j'y aille, dit Alfie.

– Vous continuez vos visites ? Vous êtes bien jeune pour être médecin, mais tout le monde doit faire son devoir en ces temps difficiles.

Alfie hocha la tête et recula. Il détestait l'East Suffolk, il haïssait cet endroit et ces gens. Pénétrer dans cet hôpital, c'était entrer dans un cauchemar où plus rien de ce qui se disait n'avait de sens. Les malades avaient tous la tête à l'envers et vivaient un peu dans le présent, un peu dans le passé et surtout dans une espèce de no man's land qu'ils traversaient au pas de charge en essayant d'éviter les balles, mais ils chutaient, s'accrochaient, échouaient. Il fallait sortir son père de cet enfer, il n'avait aucun doute là-dessus. Il ramassa son sac et retraversa la haie en direction du bâtiment principal.

Une fois devant, il fut assailli par la crainte d'y retourner, mais il n'avait pas le choix. Il avait espéré retrouver Georgie dans le jardin et l'entraîner rapidement hors de l'hôpital, mais cela ne s'était pas passé comme prévu et il devait partir à sa recherche.

Dans une de ces horribles salles.

Il dissimula son sac derrière une plante verte, ouvrit la porte et passa sa tête à l'intérieur. La voie était libre. Au milieu du couloir, un escalier montait dans les étages, au moins trois étages avec des chambres partout. Son cœur se serra. Comment allait-il retrouver son père dans cette immensité ?

Il aperçut le poste d'infirmières où il s'était fait prendre la dernière fois. Il se dirigea vers lui et fut soulagé de constater qu'il était vide. Si le médecin colérique lui tombait encore dessus, il ne croirait jamais à son histoire de fils de laitier. Alfie fit un tour d'horizon et recula derrière le comptoir quand, au même moment, le Dr Ridgewell, dont il avait ciré les chaussures deux fois, sortit d'une chambre en compagnie d'un autre médecin, plus jeune, à l'air inquiet. Alfie s'accroupit pour se cacher en espérant qu'ils ne viennent pas de ce côté.

– … peut rentrer chez lui au début de la semaine prochaine, il me semble, disait le Dr Ridgewell. Prenez-lui rendez-vous chez Davis dans Harley Street. J'ai parlé à sa secrétaire – elle connaît le dossier. Une fois par semaine devrait suffire. C'est encourageant, n'est-ce pas ? de voir quelqu'un faire autant de progrès. Cela donne de l'espoir pour les autres.

– Avez-vous des nouvelles du ministère de la Guerre, docteur ? demanda le jeune médecin.

– Concernant quoi ?

– La reconnaissance.

Il se fit un silence de quelques secondes.

– Pas encore, non. Aucun de ces hommes politiques de malheur ne veut être celui qui annoncera l'évidence, qui affirmera haut et fort à la population qu'il s'agit d'une véritable maladie dont il faut tous nous soucier. Et cela pour des années, j'en ai peur. Le problème est que les gens la considèrent comme de la lâcheté et aucun de nos parlementaires n'a le cran de les détromper.

– J'ai pensé..., commença le jeune médecin. C'est-à-dire que je me demandais si...

– Accouchez, Chartwell. Je n'ai pas toute la journée.

– Nous avons eu des réussites, n'est-ce pas ? Et des échecs. Ne serait-il pas utile d'inviter ces messieurs de la presse ? Ils pourraient écrire des articles, informer le public. La population nous soutiendrait peut-être davantage.

Le Dr Ridgewell se tint coi quelques instants. Quand il reprit la parole, son ton trahissait la stupéfaction.

– Ces messieurs de la presse, répéta-t-il en détachant

chaque syllabe. Avez-vous perdu la tête, Chartwell ? Inviter des journalistes ici, à l'East Suffolk ? Croyez-vous vraiment que ce soit dans l'intérêt de nos malades, qu'une tripotée de journalistes viennent les assaillir de questions, les mitrailler de leurs appareils photo pour vendre leurs papiers ?

– Je me disais seulement que si la population était informée, elle se tournerait peut-être vers les responsables politiques. Nous pourrions montrer Boyars, puisqu'il rentre chez lui presque guéri. Et leur expliquer l'excellent travail que nous accomplissons.

– Et que faites-vous de ceux dont l'état ne s'améliore pas, Chartwell ? Avez-vous pensé à eux ? Levinson au premier étage ? Hobbs dans la chambre voisine ? Summerfield au deuxième étage ? Faut-il les exhiber aussi, les donner en spectacle aux yeux du monde ? Dois-je me transformer en M. Barnum et ces malheureux en monstres de foire ?

Alfie avait tendu l'oreille en entendant son nom de famille. « Summerfield au deuxième étage. »

– Je vous prie de m'excuser, docteur, dit le jeune médecin, contrit. C'était une mauvaise idée.

– Il eût fallu que ce soit une bien meilleure idée pour que vous puissiez la qualifier de mauvaise. Il eût fallu qu'elle traverse d'innombrables niveaux de stupidité avant de pouvoir aspirer à un terme aussi élogieux. Cantonnons-nous à ce que nous faisons le mieux – la pratique de la médecine – et laissons le monde extérieur penser ce qui lui chante. Je ne peux pas rester toute la journée à bavasser, j'ai des malades à voir et vous aussi, j'en suis sûr.

Au grand soulagement d'Alfie, ils s'éloignèrent sans avoir remarqué sa présence.

Il sortit de sa cachette et monta l'escalier. Il atteignit le premier étage et continua jusqu'au deuxième. Au moins, il savait à quel étage était son père. Il entendit murmurer – les malades dans leurs chambres, les infirmières avec eux – et il avança sur la pointe des pieds jusqu'à une première salle en faisant le moins de bruit possible, pour ne pas se faire remarquer.

Reconnaître son père n'était pas chose facile, la plupart des malades étaient recroquevillés dans leur lit, une couverture remontée sur le visage, ou bien assis dans un fauteuil, de dos, le regard errant par la fenêtre. Son cœur se serra, il ne savait plus quoi faire – mais c'est alors qu'il le vit dans une salle portant le nom de Sainte-Margaret. Installé près de la fenêtre, son père battait des cartes, en tirait plusieurs au hasard, les observait quelques instants, puis les remettait dans le jeu.

Alfie entra dans la pièce et inspecta les lieux. Trois autres malades occupaient la chambre. Le premier à sa gauche était allongé dans son lit et dormait à poings fermés, sous sa couverture remontée jusqu'au menton et qu'il agrippait des deux mains, comme l'aurait fait un petit enfant. En face, un deuxième lisait un livre, assis sur son lit. En apercevant Alfie, il posa son ouvrage et lui sourit. Il était complètement édenté.

Le garçon lui fit signe de la main, l'homme secoua la tête et détourna les yeux. Sur un troisième lit, un très jeune homme – avait-il plus de dix-neuf ans ? – reposait sur le dos, ses deux poings contre les tempes. Toutes les dix secondes, il fermait les yeux très fort et faisait un drôle de bruit, une sorte de hoquet horrifié. Cela passait, il détendait ses mains, avant de recommencer. Enfin, près de la fenêtre se tenait Georgie Summerfield.

– Papa ! s'écria Alfie en s'accroupissant devant lui. Papa, c'est moi, Alfie.

Georgie le dévisagea... le reconnut lentement. Il semblait en meilleure forme que la semaine précédente.

– Alfie, dit-il. Ça ne peut pas être toi.

– C'est moi. Je t'avais dit que je reviendrais.

– Quand cela ? Je ne rêve pas, n'est-ce pas ? Viens ici, fiston.

Alfie s'avança. Georgie posa ses mains sur le visage de son fils, lui effleurant les joues et le menton comme un aveugle qui découvrirait par ses mains la personne devant lui.

– C'est toi ? dit-il à mi-voix, surpris et ému. Mais tu es très grand. Tu n'as plus cinq ans, n'est-ce pas ?

– J'ai neuf ans, répondit Alfie, dérouté, car Georgie l'avait vu quelques jours auparavant mais semblait l'avoir oublié.

Alfie jeta un coup d'œil aux trois pilules de couleur différente qui attendaient sur un plateau métallique posé sur le casier à la tête du lit. Combien de médicaments donnait-on à Georgie ? Est-ce qu'ils altéraient sa mémoire ?

– Neuf ans, répéta son père, stupéfait. Est-ce que tu es parti, toi aussi ? s'inquiéta-t-il soudain, une expression épouvantée sur le visage, puis il secoua la tête. Non, bien sûr que non. Je n'ai pas les idées claires, tu n'es qu'un enfant. Tu ne pourrais pas. Mais alors, que fais-tu ici ? Qui t'a laissé entrer ?

– Je suis venu pour toi, papa.

– Pour moi ?

– Pour te ramener à la maison.

Georgie déglutit.

– Je ne peux pas rentrer à la maison, je ne vais pas bien, Alfie.

– Tu ne vas pas bien parce que cet endroit te rend malade, mais si tu rentres à la maison avec moi, je te guérirai. Je te le jure ! Il faut que tu retrouves la citerne de lait. M. Asquith est toujours en poste. Tu lui manques terriblement.

– Qui ?

– M. Asquith, répéta Alfie. Tu sais bien, M. Asquith !

– Ah, oui, dit Georgie en secouant lentement la tête comme s'il ne voyait pas du tout de qui parlait Alfie.

– Je pourrais venir travailler avec toi. Tu m'as promis que je pourrais quand je serais plus grand.

– À cinq ans, tu es trop jeune pour la citerne. Ta mère m'arracherait les yeux.

– Mais j'ai neuf ans, papa ! Neuf ans !

Un son monta du lit en face. Alfie se tourna vers le jeune homme. Il avait les yeux ouverts mais son regard était absent.

– Il n'a rien dit de sensé depuis une semaine, le pauvre bougre, expliqua Georgie. Il a le cerveau en compote.

– Papa, il faut que tu viennes avec moi, poursuivit Alfie en tirant son père par la main. Nous pouvons partir ensemble. Il y a un train pour Londres. J'ai acheté deux billets. Je te ramène à la maison. Tu iras beaucoup mieux quand tu seras chez toi.

– Entendu, Alfie, dit Georgie en haussant les épaules, comme s'il n'avait pas voix au chapitre. Le Dr Ridgewell est de cet avis ?

Alfie hésita un quart de seconde.

– Oui, s'empressa-t-il de répondre. Il trouve que ton état s'est amélioré et pense que le mieux est que tu retrouves ta famille. Il m'a demandé de venir te chercher.

– Il ne m'en a pas parlé. Aïe ! cria soudain Georgie, le visage déformé par une grimace de douleur en portant les mains à ses tempes. Vite, mes pilules ! grogna-t-il en indiquant le plateau métallique.

Alfie se précipita pour prendre les médicaments et le verre d'eau. Georgie avala les pilules, puis il se renversa dans son fauteuil, le souffle court, comme s'il était déjà épuisé.

– Ce sont mes maux de tête, expliqua-t-il à voix

basse. J'en ai de temps à autre. C'est épouvantable. Tu ne peux pas imaginer à quel point ça fait mal. Ils me rendent malade. J'ai besoin de ces pilules, Alfie. Je les prends toutes les trois heures. Il ne faut pas les oublier en partant.

– Ne t'en fais pas, dit Alfie qui se rappelait l'armoire à pharmacie de leur salle de bains, dans laquelle se côtoyaient des bandes Velpeau, un flacon d'un liquide vert et sirupeux dont Margie lui donnait une cuillerée quand il avait pris froid et plusieurs boîtes de pilules – même s'il ignorait à quel usage elles étaient destinées. Nous avons quantité de pilules à la maison. Tu n'auras qu'à les prendre.

– Entendu, Alfie, dit Georgie en haussant à nouveau les épaules.

C'est alors qu'Alfie se rendit compte qu'il ne se comportait plus comme un père. On aurait dit qu'ils avaient échangé leurs rôles, Georgie prenait pour argent comptant tout ce que disait Alfie. Comme si l'adulte était Alfie, et l'enfant, Georgie. Cette idée mit Alfie mal à l'aise et lui fit un peu peur. Son père était censé veiller sur lui et non le contraire.

– Alors, viens, dit-il en aidant Georgie à se relever, avant de le guider vers la porte. Il faut descendre sans faire de bruit.

– Salut, les gars ! lança Georgie d'un ton joyeux en faisant un signe d'adieu aux autres malades, mais il parlait trop fort et Alfie le fit taire.

Ils gagnèrent le rez-de-chaussée sans encombre et

sortirent dans la cour où Alfie récupéra son sac en toile. Il l'ouvrit et en sortit le pantalon, la chemise et la veste qu'il avait pris dans l'armoire de son père le matin même.

– Enfile ça, dit-il. Ainsi, nous passerons inaperçus dans le train.

– Entendu, Alfie, dit Georgie. (Il enfila docilement les vêtements sur son pyjama, puis il mit les chaussures qu'Alfie lui tendait.) Tu es sûr de ce que tu fais, n'est-ce pas ? Le Dr Ridgewell n'y voit pas d'inconvénient ?

– C'est lui qui m'a demandé de venir te chercher, répondit Alfie. Allez, viens, papa, allons-y.

Au moment où ils passaient le coin du bâtiment, Alfie vit un homme en grand uniforme avancer vers eux. Son cœur fit un bond dans sa poitrine. L'homme les regardait fixement et accéléra le pas en approchant.

– Ne dis rien, papa, chuchota Alfie. Laisse-moi faire.

– Entendu, Alfie.

– Hé ! toi ! dit l'homme en s'arrêtant devant eux. (Il avait les joues rouges, une moustache d'un blanc neigeux et tenait un objet qui ressemblait à une canne.) Où suis-je ?

– À l'hôpital d'East Suffolk & Ipswich, répondit Alfie.

– Oui, je sais, dit l'homme d'un ton irrité. Je ne suis pas complètement idiot. Je cherche l'entrée de l'aile B. Il y a un gros chien à la porte principale et, chaque fois que j'essaie d'entrer, il grogne. Je l'aurais bien abattu mais j'ai laissé mon arme au quartier général.

Alfie le regarda avec des yeux horrifiés. Il crut un instant qu'il s'agissait d'un malade, mais son uniforme prouvait le contraire.

– D'ailleurs, qui es-tu ? demanda l'homme. Ce n'est pas la place d'un enfant ici. Et qui est cette personne ?

– Georgie Summerfield, répondit Georgie en souriant comme si toute l'affaire n'était qu'une bonne blague. J'avais un chien quand j'étais petit. Un épagneul mélancolique mais très affectueux.

– Passionnant, dit l'homme. Vous travaillez ici, Georgie ?

– Docteur Summerfield, s'empressa de rectifier Alfie.

– Oh ! s'exclama l'homme en détaillant Georgie de la tête aux pieds avant de reculer d'un pas ou deux. Vous avez des responsabilités à l'hôpital ?

– Non, pas moi, monsieur, répondit Georgie.

– Le Dr Summerfield a fini sa journée, précisa Alfie.

– À cette heure-ci ? demanda l'homme en jetant un coup d'œil à sa montre. C'est un peu tôt pour cesser le travail, non ?

– Il était de garde cette nuit, dit Alfie.

– Et toi, d'où viens-tu, la poupée du ventriloque ? Le docteur ne peut-il s'exprimer par lui-même ? Qui es-tu ?

– Son père est hospitalisé ici, dit Georgie en se

redressant de toute sa hauteur et en s'exprimant d'une voix claire.

– Comment va-t-il ?

– Pas très bien. Ce garçon est venu lui rendre visite, mais nous n'acceptons pas les enfants. Je profite de mon départ pour vérifier qu'il retourne bien à la gare.

– Hum, dit l'homme. Je comprends. Vous lui avez tiré les oreilles, j'espère ?

– Non, monsieur, dit Georgie.

– Je l'aurais fait. Je ne supporte pas les garçons, ni les filles, d'ailleurs, les enfants, pour tout dire. Fille ou garçon, je ne fais pas de différence. Je les déteste à égalité. Bien… l'aile B – vous pourriez m'indiquer le chemin ?

– Prenez cette porte, dit Alfie, puis longez le couloir, le premier sur votre gauche. Vous allez arriver au pied d'un escalier, montez un étage, tournez à droite jusqu'a la salle Sainte-Hilda, passez la porte marquée « Interdit d'entrer » et allez jusqu'au bout du couloir, il vous mènera à l'aile B.

– Merci, dit l'homme avec entrain. Je crois que j'ai compris.

– De rien, dit Alfie, qui avait tout inventé.

Car il tenait à se débarrasser de l'homme et, avec un peu de chance, à le perdre dans les couloirs de l'East Suffolk.

– Tu as été magistral, papa, dit Alfie, une fois l'homme parti.

Mais Georgie était replongé dans son état léthargique habituel et mit un certain temps à se tourner vers son fils.

– Tu disais, Alfie ?

– Tu étais comme avant. Il ne s'est douté de rien.

Georgie garda le silence, en fronçant les sourcils. Il ferma les yeux, laissa échapper un grognement sourd et porta les mains à ses tempes.

– Tu te sens mal, papa ?

– Non, fiston, répondit doucement Georgie. Pouvons-nous rentrer maintenant ? J'aimerais me recoucher.

– Non ! Je te ramène à la maison, tu te rappelles ?

– Ah, oui. Entendu. Si tu penses que c'est mieux.

Ils étaient arrivés à la moitié de l'allée quand Alfie aperçut trois infirmières qui venaient à leur rencontre. Il poussa son père derrière un bosquet.

– Que se passe-t-il ? demanda Georgie en regardant autour de lui, comme s'il venait de se réveiller.

– Chut ! dit Alfie. Ne fais pas de bruit.

– Le sergent Clayton est à l'affût ?

– Papa ! Chut ! insista Alfie qui regardait les infirmières passer.

– Je posais juste la question.

– Papa ! dit Alfie en proie à une suée.

Il suffisait qu'une infirmière tourne la tête pour les apercevoir en train de se cacher derrière les arbres. Alfie retint sa respiration et n'expira qu'après leur passage.

– Viens ! Il faut sortir d'ici au plus vite.

Il prit ses jambes à son cou et Georgie le regarda d'un air perplexe avant de courir derrière lui. Une fois la grille de l'hôpital loin derrière eux, ils s'arrêtèrent pour reprendre haleine.

– La gare est par là, expliqua Alfie. Suis-moi.

– Alfie, dit Georgie quelques instants plus tard, tandis qu'ils attendaient le train, assis dans l'herbe. Tu n'as pas oublié mes pilules, n'est-ce pas ?

– Je te l'ai dit, nous en avons des quantités à la maison, répondit Alfie. Tu pourras prendre celles-là. Mais tu n'en auras pas besoin, je te le jure. Une fois que tu auras retrouvé Damley Road, tu te porteras à nouveau comme un charme.

– Entendu, Alfie, dit Georgie en hochant la tête d'un air satisfait.

– Oui, papa.

12

Je veux rentrer à la maison

Dans le train qui les ramenait à Londres, Georgie resta silencieux. Il s'assit dans un coin et regarda le paysage défiler par la vitre, les bras serrés autour de la poitrine, comme pour s'empêcher de se balancer d'avant en arrière. Chaque fois que le convoi s'arrêtait dans une gare – ou à proximité – pour laisser monter ou descendre des passagers, il fermait les yeux. Mais il réagissait aux coups de sifflet du contrôleur et, une fois, lors d'un arrêt très animé où les portes des compartiments avaient claqué le long du train, Alfie était certain de l'avoir entendu grogner sourdement. Dans ces moments-là, il s'efforçait de lui parler, mais Georgie ne répondait que par bribes de phrases : « Oui, non, Clayton, demain, pilules, parfois, aider. »

À Manningtree, un jeune Tommy monta dans leur compartiment ; il alluma une cigarette et les dévisagea l'un après l'autre avec un sourire arrogant, presque insolent. Son uniforme était impeccable et fraîchement repassé, on aurait dit qu'il le portait pour la première fois. Georgie le détailla de la tête aux pieds, une expression de désarroi profond se lisait sur son visage. Mais lorsque le soldat croisa son regard, il se détourna.

– Qu'est-ce que vous regardez ? demanda-t-il. Vous n'avez jamais vu de soldat ?

Georgie ne répondit rien et Alfie tenta de rester concentré sur *Robinson Crusoé* pour éviter de s'en mêler.

– Vous donnez votre langue au chat ? J'ai dit : « Vous n'avez jamais vu de soldat ? »

– Un certain nombre, marmonna Georgie en regardant par la fenêtre.

– Qu'est-ce que tu lis ? demanda le Tommy en arrachant le livre des mains d'Alfie d'un geste habile avant de le retourner pour lire le titre. *Robinson Crusoé*. Mon père l'a à la maison. C'est sûrement ennuyeux.

– C'est le meilleur livre jamais écrit, dit Alfie.

– Ha, ha ! s'esclaffa le Tommy. Comme si tu pouvais le savoir. C'est qui le boute-en-train sur le siège près de la fenêtre ? demanda-t-il en indiquant Georgie d'un signe de tête.

– Mon père, répondit Alfie.

– Il a un grain, non ? Hé ! vous, là ! vous avez un grain, dites-moi ?

Georgie se retourna et regarda le jeune homme, la tête penchée de côté, comme s'il essayait de comprendre ce qui se passait, puis il revint au paysage.

– Qu'est-ce que tu en penses ? continua le Tommy en indiquant son uniforme. Plutôt chouette, non ? C'est mon premier jour. Je vais à Londres retrouver mes nouveaux copains, ensuite nous partons à Aldershot pour l'entraînement. Cela fait quatre ans que j'attends ce jour. Il paraît que la guerre sera finie à Noël. Pourvu que non. Hé ! Comment se fait-il que vous ne vous battiez pas ? cria-t-il à l'intention de Georgie, qui se leva d'un bond et sortit du compartiment en refermant la porte derrière lui avec fureur. C'est un planqué ? demanda-t-il en riant, et Alfie serra les poings, regrettant de ne pouvoir faire taire cet imbécile. Ils sont partout. Il faut des hommes, des vrais, pour gagner la guerre. Je vais m'occuper des fritz, tu peux compter sur moi et mes nouveaux copains.

Alfie se leva et quitta le compartiment sans un mot. Il arpenta le train et finit par découvrir son père assis, seul, la tête entre les mains.

– Papa ? dit-il en s'installant à côté de lui.

Il aurait tant voulu le prendre dans ses bras mais ne savait comment s'y prendre. C'était si inhabituel.

– Tout va bien, papa ?

– Tout va bien, Alfie, répondit Georgie d'une petite voix. Je suis fatigué, c'est tout. Tu n'as pas de pilules sur toi, par hasard ?

– Non, je regrette.

– Tant pis.

Ils n'échangèrent plus un mot de tout le trajet et, à leur arrivée à King's Cross, Georgie ne semblait pas décidé à quitter le train. Le hurlement des locomotives, le sifflet des contrôleurs le faisaient trembler. Quand Alfie réussit enfin à le faire descendre sur le quai, être entraîné vers Damley Road le perturba encore plus. En débouchant dans la rue, Alfie partit en éclaireur vérifier si la voie était libre, mais Mme Scutworth, du numéro quinze, et Mme Candlemas, du numéro treize, lavaient leurs vitres côte à côte.

– Nous allons attendre qu'elles aient fini, annonça Alfie, et Georgie acquiesça.

Ils patientèrent de longues minutes. Chaque fois qu'Alfie tournait la tête vers son père, il avait envie de le réconforter, mais Georgie, le front plissé, le dos voûté, les poings serrés, se balançait d'avant en arrière et Alfie ne trouvait rien à dire qui ne risque de faire empirer les choses.

– Viens, papa, lui lança-t-il quand les deux femmes furent rentrées.

Il prit son père par la main pour le ramener à la maison, comme Georgie le faisait avec lui quand il était petit.

Alfie mit sa clé dans la serrure et ouvrit sans attendre, pour le faire entrer.

Georgie regarda autour de lui, comme sur le point de vaciller. Rien n'avait changé au cours de ces quatre années d'absence, mais le souvenir du numéro douze était sans doute trop violent pour lui, car, en pénétrant dans le salon, il s'effondra sur le fauteuil bancal et enfouit la tête dans ses mains.

– … quand ils ont vu que c'étaient nous, ils n'étaient plus pareils, n'est-ce pas ? marmonna-t-il dans sa barbe. Je ne peux pas être de corvée de brancard encore une fois – trois nuits d'affilée, c'est trop pour un seul homme, c'est de la torture –, « Restez où vous êtes et partez ! », c'est ce qu'il disait. C'est absurde, non ? Où est Unsworth ? Dans quel pétrin s'est-il fourré ?

– Papa ! s'écria Alfie en s'agenouillant devant lui. Papa, qu'est-ce qui ne va pas ? Je ne comprends pas ce que tu dis.

Georgie releva la tête. L'espace d'un instant, il était redevenu le même.

– Tu disais, fiston ? demanda-t-il d'un ton joyeux. Ne t'en fais pas pour moi, j'étais dans la lune. Demande à ta mère de nous faire une bonne petite tasse de thé, tu seras gentil. Il faut que je me couche tôt si je dois me lever aux aurores.

Alfie acquiesça et partit à la cuisine faire chauffer de l'eau. Il vérifia le contenu de la boîte à thé, qui était au quart pleine, mit une pleine cuillerée dans la théière, versa l'eau bouillante dessus et, profitant de ce que le thé infusait, sortit un morceau de pain et du fromage du garde-manger. Quand le thé fut prêt, il posa le tout sur un plateau qu'il apporta au salon. Georgie était debout devant l'âtre. Il examinait une photographie d'eux trois – lui, Margie et Alfie – prise quelques semaines avant que la guerre n'éclate.

– Jolie petite famille, dit Georgie, comme s'il ne reconnaissait personne.

– Papa, c'est nous ! s'exclama Alfie en lui tendant la tasse de thé. Bois, ça va te faire du bien, je te le jure.

Georgie hocha la tête et se rassit. Il avala une gorgée avec précaution.

– Tu as oublié le sucre, dit-il. Ce n'est pas grave, nous n'en avons sans doute plus. Pense un peu, si nous étions de retour à Londres, ma Margie n'aurait jamais oublié le sucre.

Alfie le regarda avec des yeux écarquillés.

– Papa, c'est…

Soudain trois coups, un toc-toc-toc caractéristique, retentirent à la porte. Alfie fit un bond. Ce ne pouvait être qu'une seule personne.

– Reste ici, dit-il en se tournant vers son père. Ne bouge pas, entendu ?

– Oui, sergent ! dit Georgie avec un salut militaire, et il se rassit.

Alfie se précipita dans l'entrée et entrebâilla la porte pour regarder dans la rue, en prenant soin de coincer le battant avec son pied pour empêcher le visiteur d'entrer.

– Tout va bien, Alfie ?

– Tout va bien, Bill, répondit Alfie en souriant à son voisin qui tentait de regarder dans le couloir.

Derrière le vieux Bill, M. Asquith était arrêté au beau milieu de la rue, Henry Lyons était sur le banc, la carriole remplie de bidons vides. Henry se démenait comme un beau diable pour faire avancer M. Asquith, mais le cheval ne pouvait détacher ses yeux du numéro douze et refusait de bouger.

– Tout va bien chez vous ? demanda le vieux Bill.

– Oui. Maman est au travail, si c'est elle que vous cherchez.

– Non. Alfie, il se peut que je devienne fou, mais en entrant dans mon salon, il y a quelques minutes, j'aurais juré avoir vu un visage familier passer devant ma fenêtre.

Alfie déglutit, il espérait que son expression ne le trahisse pas. Il fit mine de ne rien comprendre.

– Un visage familier ? Qui ?

– Tu es seul à la maison, Alfie ? demanda le vieux Bill.

– Allez, vieille carne ! cria Henry Lyons à pleins poumons.

– Je vous l'ai dit : maman est au travail.

Le vieux Bill se gratta la barbe, hésitant à poser d'autres questions.

– J'ai cru voir... Écoute, je sais que cela va te paraître insensé, mais j'ai cru voir ton père en chair et en os dans Damley Road.

Il se retourna vers M. Asquith.

– Mais qu'est-ce qu'il a ce cheval à la fin ?

– Mon père ? demanda Alfie en riant à gorge déployée, d'un rire qui, même à ses oreilles, sonna faux.

– Oui, ton père. Tu vois, un grand type parti à la guerre, ton père, Alfie.

– Mon père est en mission secrète.

– Alors dans ce cas, mes yeux m'auront joué un tour.

– Sans doute.

– J'ai dû rêver.

– Je suis seul à la maison.

– Je peux entrer, Alfie ?

– Il faut que j'aille à l'école.

Le vieux Bill jeta un coup d'œil à sa montre.

– À cette heure-ci ?

– Je me trompe, il faut que j'aille faire des courses. J'ai dit à maman que j'achèterai ce qu'il faut pour le dîner.

Le silence retomba et ils se regardèrent en chiens de faïence, le vieil homme et l'enfant, chacun attendant que l'autre cède. Dans un grand hennissement, M. Asquith finit par avancer et descendit la rue en faisant claquer ses sabots. Une ou deux fois, il se retourna pour lancer un regard de reproche à Alfie.

– Bien, dit enfin le vieux Bill avec un soupir. À plus tard. Au revoir, Alfie.

– Au revoir, Bill.

Alfie referma la porte et s'adossa au battant, soulagé. Il s'en était fallu de peu. Quand il revint dans le salon, il trouva la tasse de Georgie par terre dans une flaque de thé. Son père le regarda avec des yeux coupables d'enfant surpris en train de faire une bêtise.

– Elle m'a échappé des mains, dit-il.

– Ce n'est pas grave. Je vais nettoyer.

– Non, je ferais mieux de m'en occuper, dit Georgie en prenant un coussin du sofa dans l'intention de s'en servir comme éponge.

– Non, ne fais pas cela, dit Alfie en lui prenant le coussin des mains. (Sa mère serait furieuse si elle le retrouvait taché de thé.) Ce n'est pas grave. Laisse.

– Oui, sergent ! répondit Georgie en se rasseyant.

– Je ne suis pas sergent ! cria Alfie de rage. Je suis Alfie.

– Bien sûr, fiston, renchérit Georgie en haussant les épaules. Je connais mon fils, quand même.

Alfie regarda l'heure à la pendule du buffet. C'était le milieu de l'après-midi ; il se rendit compte qu'il n'avait pas vraiment réfléchi à ce qu'il ferait ensuite, une fois qu'il aurait ramené son père à la maison. Son ambition avait été de le sortir de cet horrible hôpital, de son sang, de sa puanteur et des gémissements incessants des hommes meurtris. Il comprit soudain qu'être confiné dans une petite maison n'était pas la meilleure solution pour Georgie. Il monta en quatrième vitesse dans sa chambre, ouvrit son armoire, prit la boîte à cirage dans le fond et redescendit.

– Nous sortons, annonça-t-il à son père.

– Nous sortons ? Où cela ? Je commençais juste à me sentir bien.

– Je dois aller travailler.

Georgie fronça les sourcils.

– Travailler ? La laiterie ne sera pas ouverte à cette heure-ci. En tout cas, pas pour nous.

– Je ne travaille pas à la laiterie mais à King's Cross.

– Tu es conducteur de train ? C'est une clique de snobs, ces conducteurs de train.

– Je suis cireur de chaussures, répondit Alfie, exaspéré.

– C'est une très bonne et honnête façon de gagner sa vie.

Soudain, Georgie sembla ne plus savoir où il était.

– Il faut que je sorte d'ici, dit-il, terrorisé.

– Ça tombe bien, parce que justement nous sortons. Viens !

Cette fois, Alfie fit un large détour pour éviter de passer devant la fenêtre du salon du vieux Bill, son père marchait devant lui. Arrivé au bout de la rue, il se retourna et vit Joe Patience, qui fumait une cigarette sur le pas de sa porte en le fixant. Depuis combien de temps était-il là ? Avait-il vu Georgie ? Leurs regards se croisèrent, mais Joe ne laissa rien paraître. Il continua de fumer et Alfie passa le coin de la rue où son père l'attendait en regardant le ciel.

– L'univers est immense, dit Georgie. Crois-tu que les habitants des autres planètes se haïssent aussi les uns les autres ?

– Voici mon emplacement, dit Alfie lorsqu'ils furent arrivés dans King's Cross à l'endroit stratégique où il se mettait habituellement, à distance égale des quais, des guichets et du salon de thé. Et voici le siège réservé aux clients. Tu veux t'asseoir ?

Georgie haussa les épaules. Alfie poussa le siège vers lui, Georgie le fixa un instant, puis il s'y assit. Alfie sortit ses brosses et ses chiffons de la boîte et plaça le repose-pied sur le couvercle sous les yeux de Georgie qui l'observait sans rien dire.

– Je l'ai prise dans la maison de M. Janáček, expliqua-t-il. Quand ils l'ont emmené avec Kalena. Les soldats croyaient qu'ils étaient allemands, mais ils ne le sont pas, ils sont originaires de Prague. Je sais que je n'aurais pas dû, mais je ne crois pas que M. Janáček m'en voudrait. Tu n'es pas fâché contre moi, papa, n'est-ce pas ?

Georgie secoua la tête, il regarda son fils et sourit. Alfie ne comprenait pas les brusques changements d'humeur de son père.

– Non, fiston, je ne suis pas fâché contre toi. M. Janáček serait ravi d'apprendre que tu en fais bon usage.

– Je viens ici quatre jours par semaine. Je donne le plus gros de mes gains à maman. Elle est infirmière de la Couronne et fait aussi des lessives en plus des travaux de couture pour une dame de la haute. Mais j'en garde un peu pour les coups durs. C'est grâce à cet argent que j'ai pu acheter les billets.

Georgie hocha la tête et plongea la main dans la poche de sa veste. Elle ne contenait rien. Il fouilla l'autre, qui était vide également. Alfie comprit ce qu'il cherchait. Tous les hommes qui s'asseyaient sur le siège des clients faisaient la même chose. Ils aimaient fumer quand on leur cirait les chaussures. Même le Premier ministre.

– Veux-tu que je cire tes chaussures, papa ? demanda Alfie en inspectant les souliers de son père.

Georgie acquiesça et posa le pied gauche sur la planchette. Alfie se mit au travail. Vu le temps qu'elles avaient passé dans l'armoire, les chaussures étaient poussiéreuses. Il fallait d'abord les épousseter avant de les cirer.

– Peux-tu rentrer chez toi, papa ? demanda Alfie à mi-voix sans lever la tête, tandis que ses mains virevoltaient autour des souliers.

– Mais Londres, c'est chez moi ? Ou je deviens fou ?

– Je veux parler de notre maison, dit Alfie. Revenir à Damley Road pour de bon, revenir à la citerne de lait et à M. Asquith. Revenir à la vie d'avant.

Une goutte d'eau tomba sur le bout de la chaussure gauche de Georgie. Alfie fronça les sourcils et l'essuya. Il devait y avoir une fuite dans le toit. Il inspecta la foule qui traversait la gare et, l'espace d'une seconde, il crut voir le visage d'un homme qu'il connaissait près du bureau de tabac, un homme qui le regardait. Un visage tuméfié avec des cicatrices et des brûlures. Il cligna les yeux et scruta attentivement la cohue, mais les gens qui passaient devant lui dans un sens et dans l'autre lui bouchaient la vue et, quand ils se dispersèrent enfin, le visage familier avait disparu.

– Je déteste la guerre, dit Alfie avec un soupir.

– Tout le monde la déteste, renchérit Georgie. Elle est pourrie jusqu'au trognon.

– On disait qu'elle serait finie à Noël, mais ce n'était pas vrai.

– Même si elle se termine, une autre lui succédera bientôt. Les guerres sont comme les bus. Tu en rates une, tu attrapes la suivante. Il faut que tu partes d'ici, Alfie, tu m'entends ? Ne te laisse pas prendre. Il faut que la paix dure trente ans pour que tu ne sois pas appelé sous les drapeaux.

Une deuxième goutte d'eau tomba sur la chaussure, Alfie leva la tête. Le toit ne fuyait pas, son père pleurait. Il ne l'avait jamais vu pleurer auparavant et il en fut effrayé.

– Papa ! Qu'est-ce qui ne va pas ?

– Rien, fiston, rien, répondit Georgie en s'essuyant le visage avec son mouchoir. Ne fais pas attention à moi. Contente-toi de faire briller ces chaussures. Il se peut que j'emmène danser ta mère ce soir. À quelle heure rentre-t-elle du travail ?

Alfie haussa les épaules.

– Elle sera peut-être de garde ce soir, mais elle se fera remplacer puisque tu es de retour. Cependant, il lui arrive parfois de…

Un bruit effroyable retentit soudain derrière eux – le bruit de vingt portières de compartiment qu'on claquait les unes après les autres. Alfie releva la tête – il entendait ce vacarme des dizaines de fois par jour depuis qu'il avait commencé à travailler et ne s'y habituait pas. Le bruit était insupportable, on aurait dit une fusillade, des claquements secs qui se succédaient à toute allure et semblaient ne devoir jamais s'arrêter. Il vit alors son père recroquevillé sur lui-même, avec la tête baissée et les mains sur les oreilles.

– Papa, ça ne va pas ?

Un cri atroce monta de la gorge de Georgie, entre plainte et sanglot. Alfie tourna la tête vers le train, il restait encore plus de dix portières à fermer.

Bang ! Bang ! Bang ! Bang !

– Papa !

– Alfie, aide-moi, le supplia Georgie. Arrête-les…

Bang ! Bang ! Bang !

– Alfie, couche-toi ! Ne te découvre pas !

Bang !

– Je compte jusqu'à trois et on franchit le sommet, entendu ? Un !

Bang !

– Deux !

Bang !

– Trois !

Georgie retira ses mains de ses oreilles et bondit du siège, mais Alfie fut plus rapide que lui, il le saisit par la taille et l'empêcha de s'enfuir.

– Papa, tout va bien, c'est moi, Alfie. Ce ne sont que des portières de train qu'on claque, c'est tout.

Georgie se tourna vers le quai et lentement, très lentement, il hocha la tête, il avait compris. Son visage était pâle et la sueur perlait sur son front. Ses jambes semblèrent se dérober sous lui, il se rassit sur le siège.

– Mes pilules, Alfie. J'ai besoin de mes pilules. Ça tambourine dans ma tête.

Alfie sentit son ventre se crisper de colère contre lui-même. Il avait oublié de prendre les pilules dans l'armoire à pharmacie. Georgie devrait attendre de rentrer à la maison.

– Je ne les ai pas, dit-il. Je te demande pardon, papa. Je les ai laissées à la maison. On peut repartir les chercher si tu veux.

– Non, c'est au-dessus de mes forces, gémit Georgie en fouillant à nouveau ses poches. Une cigarette au moins. Dempster, dans le terrier d'à côté, en a un paquet. Dis-lui que je lui en donnerai deux mardi s'il m'en donne un maintenant. C'est une bonne affaire, non ?

Alfie acquiesça. Il ramassa sa casquette par terre et prit les quelques pièces d'un penny qu'il laissait toujours pour encourager les clients. Le bureau de tabac était à l'autre bout du hall, à côté du quai numéro six.

– Je vais t'en chercher, dit-il.

– Dempster, insista Georgie.

– Oui, je vais lui demander. Un paquet maintenant et deux pour lui mardi. J'ai compris.

Alfie regarda longuement son père, hésitant à le laisser seul, mais lui faire traverser le hall aurait sûrement été pire. Si Alfie se dépêchait, il serait revenu en moins de deux minutes.

– Reste où tu es, dit Alfie d'un ton sans appel. Tu m'entends ? Reste où tu es.

– Et partez, marmonna Georgie (encore cette phrase qu'il ne cessait de répéter).

– Pardon ? demanda Alfie en s'agenouillant devant lui. Que veux-tu dire ?

– Le sergent, répondit Georgie en fixant ses pieds. C'est ce qu'il nous hurlait toutes les nuits avant que nous franchissions le sommet. Il nous faisait mettre en rang sur les échelles. Un premier rang de soldats avec la tête au niveau de la terre ; un deuxième quelques échelons plus bas, prêt à suivre ; le dernier au pied de la tranchée, prêt à poser le godillot sur l'échelle. Nous attendions jusqu'à ce que chaque rang franchisse le sommet, et ensuite c'était notre tour. Nous ne devions pas bouger tant que les hommes qui nous précédaient n'avaient pas disparu au milieu de la fumée et des explosions. « Restez où vous êtes et partez ! », c'étaient ses ordres. « Restez où vous êtes et partez ! » Toutes les nuits, toutes les nuits, Alfie.

Georgie serra ses tempes entre ses doigts et poussa un cri de douleur sourd, le cri d'un animal pris au piège. Alfie tourna les talons et courut en direction du bureau de tabac. Les cigarettes calmeraient la douleur, il en était sûr. Devant lui dans la queue, quelqu'un mettait des heures à compter ses pièces. Alfie se retourna pour vérifier que son père était toujours assis sur son siège, mais la foule du début de soirée commençait d'affluer et l'empêchait de voir.

– Dix cigarettes, demanda Alfie en jetant les pièces sur le comptoir quand son tour vint enfin.

– Quelle marque ? demanda le marchand.

– N'importe laquelle ! Cela n'a pas d'importance. La moins chère.

L'homme hocha la tête et ouvrit un tiroir derrière lui, puis il prit un paquet vide sur une étagère et compta les cigarettes. Un contrôleur donna un coup de sifflet – un son strident – puis il annonça à tue-tête le départ imminent du train pour Liverpool, quai numéro trois, le plus proche du stand de cirage d'Alfie.

– Vite, s'il vous plaît ! cria Alfie en se retournant.

Et il le vit à nouveau – une silhouette qui fendait la foule. Quelqu'un qu'il connaissait, mais qui s'évanouit au milieu des gens avant qu'il ne puisse le reconnaître. Il regarda autour de lui. Partout régnait le chaos – bruit, agitation.

– Il ne faut pas confondre vitesse et précipitation, dit le marchand. Je ne veux pas me tromper en comptant.

Les gens couraient pour attraper leur train, la vapeur de la locomotive sifflait en s'échappant de la cheminée. Il vit le contrôleur avancer vers la longue rangée de portières ouvertes.

– Dix cigarettes, annonça le marchand. Cela fera trois pence, s'il te plaît.

Bang ! Bang ! Bang !

– Il manque un quart de penny, dit l'homme, et Alfie laissa échapper un cri de désespoir.

Il fouilla dans sa poche au fond de laquelle il découvrit une unique pièce d'un quart de penny.

– Voilà ! dit-il en jetant la pièce sur le comptoir, et il prit le paquet de cigarettes.

Bang ! Bang ! Bang ! Bang ! Bang !

Il se faufila dans la foule, au risque de trébucher, se frayant un passage pour retrouver son père au plus vite.

– En voiture !

Bang ! Bang ! Bang !

– Regarde où tu mets les pieds !

– Pardon.

Bang ! Bang ! Bang ! Bang !

Il finit par se dégager. Il était revenu à son emplacement et il poussa un soupir de soulagement. Il se plia en deux à cause d'un point de côté, soulagé de constater que le siège devant sa boîte à cirage était toujours occupé. Il se releva et tendit le paquet de cigarettes.

– Des cigarettes ? demanda M. Podgett, le banquier. Merci, mais je fume la pipe. C'est un nouveau service ? Cirage de chaussures et cigarette offerte ? C'est très audacieux de ta part, jeune homme, mais je ne suis pas sûr que ce soit une bonne idée. Tu vas amputer tes bénéfices.

Alfie regarda M. Podgett, puis ouvrit de grands yeux à la recherche de son père. Il n'était nulle part dans la gare. Il s'était envolé.

Il était resté où il était.

Et il était parti.

13

C'est un long, long sentier qui serpente

Alfie s'engouffra dans la maison et se laissa tomber sur la première marche de l'escalier, la tête entre les mains. Il se repassa tous les événements de la journée et n'en revint pas de sa stupidité. Il n'aurait jamais dû faire sortir Georgie de l'hôpital – c'était évident ! Comment avait-il pu être assez bête ? Il avait eu pour seul désir d'aider son père, de le ramener à la maison au sein de sa famille. Et il l'avait perdu. Si on ne le retrouvait pas, que ferait-il alors ?

Alfie entendit des voix dans le salon et releva la tête, plein d'espoir. Georgie avait-il retrouvé son chemin ? Il bondit sur ses pieds et se précipita dans la pièce, pour découvrir Margie dans le fauteuil bancal devant l'âtre en grande conversation avec quelqu'un assis sur le sofa. Alfie fit demi-tour, persuadé que c'était son père – mais non, il s'agissait de mamie Summerfield.

– Alfie, dit-elle. Que t'arrive-t-il ? Tu as l'air coupable et je ne supporte pas les enfants qui ont l'air coupable.

Alfie se tourna vers sa mère, qui le détailla d'un air soupçonneux en plissant les yeux.

– C'est vrai que tu es pâle, dit Margie. Et tu as les yeux rouges. Tu as pleuré ?

Alfie secoua la tête. Il n'avait pas pleuré, mais comme il était resté assis la tête dans les mains, cela expliquait peut-être qu'il ait les yeux rouges.

– Non, répondit-il.

– Où étais-tu passé, Alfie ? demanda mamie Summerfield, en se penchant en avant pour retirer ses lunettes. Tu as une tête à avoir fait des bêtises.

– Je n'ai rien fait ! cria-t-il, en élevant la voix comme jamais devant sa grand-mère.

– Alfie ! le gronda Margie.

– Quoi ? demanda-t-il en levant les bras en l'air. Je monte dans ma chambre ! ajouta-t-il en se précipitant dans le couloir, puis il grimpa l'escalier quatre à quatre, s'enferma dans sa chambre et se jeta sur son lit pour ruminer ce qui s'était déroulé au cours des dernières heures.

Georgie avait disparu pendant qu'il était chez le marchand de tabac et Alfie en déduisit que le claquement des portières avait dû l'affoler. Il avait déjà réagi très négativement à ce bruit. Et puis, Georgie s'exprimait de façon étrange – avec des phrases qui s'enchaînaient mal. Il se remémora les explications du Dr Ridgewell concernant la psychose traumatique touchant les soldats rentrés du front. Rien en apparence ne pouvait laisser supposer qu'ils étaient malades. Et pourtant, dans leurs têtes, ils l'étaient. C'était d'ailleurs l'impression que les pensionnaires de l'East Suffolk avaient laissée à Alfie. Même les amputés, les grands brûlés, les hommes avec le bras en écharpe ou la jambe maintenue par une attelle avaient le regard vague, se balançaient d'avant en arrière, pleuraient et souffraient bien plus qu'il n'avait jamais vu quiconque souffrir, bien plus qu'il n'avait souffert le jour où Charlie Slipton, du numéro vingt et un, lui avait lancé un caillou à la tête sans raison.

« Georgie aura fui quand les portières du train ont claqué, réfléchit Alfie. Il aura paniqué. » Mais où était-il allé ? Était-il monté dans un convoi, au hasard ? « Auquel cas, pendant le voyage, le contrôleur lui aura demandé son billet et, comme il n'en avait pas, on l'aura fait descendre à l'arrêt suivant. » Et qu'allait-il advenir d'un homme vêtu d'un vieux pantalon et d'une veste enfilés sur un pyjama ? Comment retrouverait-il son chemin pour rentrer chez lui ?

Trois coups, un toc-toc-toc inimitable, résonnèrent à la porte d'entrée ; Alfie fit un bond. Il entendit la porte du salon s'ouvrir et Margie aller voir d'un pas décidé. Les voix montèrent par l'escalier et se glissèrent dans sa chambre sous la porte. Alfie sortit sur le palier pour les écouter.

– Bill, dit Margie.

– Pardon de vous déranger, Margie, dit le vieux Bill Hemperton. Ce n'est peut-être pas important mais j'ai cru préférable de venir vous en parler.

– Entrez au salon. Mamie Summerfield y est aussi.

Ils disparurent dans la pièce, Margie referma la porte et Alfie n'entendit plus rien. Il resta sur le palier à se mordre la lèvre, hésitant à descendre les rejoindre. Le vieux Bill venait sûrement éclaircir ce qui l'avait amené quelques heures plus tôt.

Alfie envisagea de mettre quelques affaires dans un sac, d'emporter sa boîte à cirage, l'argent qui restait dans son tiroir à chaussettes, *Robinson Crusoé* et de quitter la maison. Il pourrait monter dans un train à King's Cross pour une ville quelconque, n'importe laquelle, où il recommencerait une nouvelle vie. Finalement, de quoi avait-il besoin, à part sa boîte à cirage ? « C'est une très bonne et honnête façon de gagner sa vie », avait dit Georgie.

– Alfie ! rugit Margie.

La porte du salon s'ouvrit. Alfie retourna dans sa chambre en quatrième vitesse et s'enferma.

– Alfie ! hurla Margie. Descends immédiatement !

Que faire d'autre ? Alfie sortit de sa chambre et descendit lentement l'escalier ; il entra dans le salon, où Margie était assise, le visage pâle d'inquiétude. Le vieux Bill avait l'air bourrelé de remords et mamie Summerfield pleurait dans son mouchoir.

– Je n'y crois pas ! Que va-t-il nous arriver encore ?

– Pardon, petit, dit le vieux Bill en haussant les épaules. Mais un homme doit faire ce qu'il a à faire. Tu ne m'en veux pas ?

Alfie resta silencieux. Il attendit que sa mère prenne la parole.

– Dis-moi que Bill se trompe, ordonna-t-elle enfin d'une voix tremblante.

– À propos de quoi ?

– Alfie, je ne te poserai pas la question deux fois. Qui as-tu fait entrer dans la maison cet après-midi ?

Alfie réfléchit et hésita.

– Cet après-midi ? demanda-t-il, comme s'il avait l'habitude d'inviter quantité de gens au numéro douze au point d'oublier qui était venu à la maison le jour même.

– Alfie !

– Personne, s'empressa-t-il de répondre. Il n'y avait personne, à part moi.

– Bill prétend le contraire.

– Bill a cent ans et il est à moitié fou.

– Tu m'en diras tant ! s'exclama le vieux Bill en riant.

– Alfie, ton père est-il venu à la maison ? Dis-moi la vérité.

Alfie déglutit, sur le point de fondre en larmes. Il marmonna une réponse, qui fit bondir Margie de son siège, et il recula, effrayé.

– Pardon ? dit-elle, un ton plus haut.

– Tu as prétendu qu'il était en mission secrète pour le gouvernement ! hurla Alfie. C'est ce que tu m'as raconté. Mais c'était faux. Il était à l'hôpital et tu m'as empêché de le voir.

– Oh, Alfie ! murmura Margie en se laissant tomber dans le fauteuil bancal devant l'âtre. Qu'as-tu fait ?

– Je n'ai rien fait.

– Alors, c'était bien lui, dit le vieux Bill. Je le savais. J'ai beau être vieux, Alfie Summerfield, je connais ton père depuis qu'il est haut comme trois pommes et j'aurais parié que c'était lui qui passait devant ma fenêtre.

– Il vous a paru comment ? demanda Margie.

– Je n'en sais rien, répondit Bill en haussant les épaules. Je ne l'ai vu qu'à travers les rideaux. Je ne saurais dire.

– Où est-il, Alfie ? demanda Margie. Dis-le-moi ! Attends ! Il est à l'étage, n'est-ce pas ? Tu l'as fait monter dans ta chambre ! Georgie ! cria-t-elle en se précipitant dans le couloir avant de monter l'escalier quatre à quatre – ce qu'Alfie ne l'avait jamais vue faire. Georgie, tu es là ?

Elle se précipita dans la chambre de son fils, qui l'entendit ouvrir l'armoire et tomber à genoux pour regarder sous le lit, quand, au même moment, quelqu'un frappa à la porte. Alfie reprit espoir. C'était Georgie – ce ne pouvait être que lui. Il était sain et sauf. Il était revenu à la maison. Alfie s'empressa de tirer le loquet et n'en crut pas ses yeux.

Ce n'était pas Georgie Summerfield sur le pas de la porte. C'était le Dr Ridgewell.

– Vous ! dit Alfie, stupéfait.

Le médecin plissa les yeux et fronça les sourcils, comme si le garçon lui rappelait quelqu'un qu'il avait peine à identifier.

– Je suis bien au numéro douze, n'est-ce pas ? demanda-t-il. Chez les Summerfield ?

– Oui, répondit Alfie, la gorge nouée.

– Ta mère est à la maison ?

– Alfie, qui est-ce ?

Margie descendit l'escalier et ouvrit largement la porte. Elle regarda le visiteur avec des yeux incrédules.

– Madame Summerfield ? demanda le Dr Ridgewell.

– C'est exact.

– Puis-je entrer ? Je suis le Dr Ridgewell de l'East Suffolk.

– Nous nous sommes déjà rencontrés, au moins une dizaine de fois.

– Vraiment ?

– Oui.

Le Dr Ridgewell secoua la tête et eut la bonne grâce de se montrer gêné.

– Je vous prie de m'excuser, madame Summerfield. Je vois beaucoup de gens, vous comprenez. Des épouses, des mères. Je ne me rappelle pas toujours tout le monde.

– Entrez, dit Margie en l'invitant à passer dans le salon. Je vous présente ma belle-mère et mon plus proche voisin, M. Hemperton.

– Bonjour, dit le Dr Ridgewell. Peut-être devrions-nous avoir cette conversation en tête à tête, madame Summerfield ? Ce sont des choses qui…

– Tout ce que vous avez à me dire peut être dit devant ces personnes, s'empressa de répondre Margie en agitant la main en l'air, un geste qui les englobait et les congédiait en même temps. L'avez-vous retrouvé ?

Le Dr Ridgewell hésita, surpris.

– Vous savez qu'il a disparu ?

– Je l'ai deviné. M. Hemperton l'a vu passer devant chez lui un peu plus tôt. Et Alfie, mon fils (elle le désigna d'un hochement de tête), a quelque chose à voir dans sa disparition. Seulement, il ne l'a pas encore reconnu. N'est-ce pas, Alfie ?

Le Dr Ridgewell pointa un long doigt noueux vers lui.

– Je te connais ! déclara-t-il.

– Non.

– Si. D'où ? je ne sais pas. Ton visage me dit quelque chose. (Il secoua la tête et réfléchit.) Attends une seconde, dit-il l'instant d'après. Tu ne serais pas… Tu es le cireur de chaussures !

– Le quoi ? s'étonna Margie.

– À King's Cross. C'est toi, n'est-ce pas ?

– Non, insista Alfie en regardant ailleurs.

– Si, c'est toi.

– Alfie, de quoi s'agit-il ? demanda Margie. Tu es cireur de chaussures ? Tu n'as pas… L'odeur de cirage dans ta chambre ! s'écria-t-elle, comprenant soudain. Je n'arrête pas de m'en plaindre.

– Entendu, je cire des chaussures à la gare, reconnut Alfie. Mais c'est seulement pour nous aider, pour t'aider. Je mets de l'argent dans ton porte-monnaie. Tu fais des lessives ! Des travaux d'aiguille ! Je fais mon devoir, comme tout le monde.

– Cireur de chaussures ! s'écria mamie Summerfield en se prenant le visage entre les mains, effarée. Sommes-nous tombés si bas ? Qu'est-il advenu de nous ?

– Laissons cela pour l'instant, dit le Dr Ridgewell. Je suis venu à cause de votre mari, madame Summerfield. Vous vous rendez compte qu'il a disparu ? Il n'est plus à l'hôpital. Et on m'a signalé la présence d'un jeune garçon rôdant dans l'établissement.

– Alfie, où est ton père ? cria Margie en le secouant par les épaules. Dis-le-moi ! Il ne va pas bien ! Tu ne comprends donc pas ? Il ne va pas bien ! Où l'as-tu…

– Je n'en sais rien ! cria Alfie en éclatant en sanglots. Je l'ai perdu.

– Tu l'as perdu ?

– Il était avec moi à la gare. Je suis allé lui acheter des cigarettes et c'est alors qu'il a disparu. Le bruit était infernal. Les portières claquaient. Je crois qu'il a eu peur et…

– Il ne supporte pas le vacarme, l'interrompit le Dr Ridgewell. Comme la plupart de mes malades. C'est à cause de tous ces pilonnages qu'ils ont subis. Leur système nerveux en a été complètement perturbé. C'est pour cela que nous nous efforçons de faire de l'hôpital un endroit tranquille et serein. Et c'est aussi pour cette raison que nous n'acceptons pas les enfants.

– Si j'avais su qu'Alfie s'y rendait, je l'en aurais empêché, rétorqua Margie. Mais il faut s'occuper de Georgie. Il est quelque part, on ne sait où. Pourvu qu'il ne lui arrive rien ! Bill, si vous et moi, nous…

À cet instant, quelqu'un frappa à la porte et tout le monde se retourna.

– J'y vais, dit mamie Summerfield.

Elle partit ouvrir la porte, mais la referma aussitôt, puis revint au salon.

– Qui était-ce ? demanda Margie.

– Personne, répondit mamie Summerfield. Que disiez-vous, docteur… ?

– C'était forcément quelqu'un ! cria Margie, et avant que le Dr Ridgewell ne reprenne la parole, on frappa de nouveau à la porte.

– Ne répondez pas ! s'écria mamie Summerfield.

– Mais si ! dit Margie en sortant de la pièce en trombe, le visage rouge de colère.

Elle ouvrit, et cette fois Joe Patience, l'objecteur du numéro seize, se tenait sur le seuil.

– Joe, dit Margie avec un soupir. Ce n'est pas le moment.

– Il est à la maison, dit Joe.

– Ne laissez pas entrer cet homme dans la maison ! cria mamie Summerfield en déboulant dans l'entrée. (Elle dévisagea Joe Patience comme s'il était le diable en personne.) Fermez-lui la porte au nez, Margie !

– Madame Summerfield…, commença Joe.

– Ne me donne pas du madame Summerfield ! rugit mamie Summerfield en se précipitant sur lui. Quand je pense à tout ce que j'ai fait pour toi, Joe Patience ! Et regarde comment tu me remercies ! Mon fils est parti à la guerre, et toi…

– Je ne pouvais pas !

– Parce que tu es un lâche !

– Parce que je ne veux pas faire de mal aux autres, comme on a pu m'en faire !

– Lâche !

– Silence ! hurla Margie en regardant sa belle-mère, comme sur le point de lui arracher les membres un par un. Qu'avez-vous dit, Joe ?

– Il est à la maison.

– Qui ? demanda mamie Summerfield.

– Votre fils, répondit Joe. Votre mari, ajouta-t-il à l'intention de Margie. Ton père, dit-il en se tournant vers Alfie, qui s'était glissé derrière sa mère et sa grand-mère. Il est chez moi, au salon.

D'abord, personne ne bougea. Puis Margie prit ses jambes à son cou, bouscula Joe en passant, courut jusqu'au numéro seize, dont la porte était ouverte, et disparut à l'intérieur.

– Qu'as-tu fait ? demanda mamie Summerfield, perplexe.

– Je n'ai rien fait, répondit Joe. C'est Alfie qui l'a ramené chez lui, n'est-ce pas, Alfie ?

Mamie Summerfield s'était tournée vers son petit-fils. Le vieux Bill Hemperton et le Dr Ridgewell les rejoignirent dans l'entrée.

– Je voulais le sauver, leur dit Alfie. Vous ne pouvez pas savoir à quoi ressemble cet endroit.

– Alfie est venu me voir, dit Joe à mamie Summerfield. Il m'a raconté son projet. J'aurais sans doute dû vous prévenir ou prévenir Margie, mais je ne pensais pas qu'il le mènerait à bien. Et puis je les ai vus, tous les deux. J'hésitais sur ce qu'il valait mieux faire. Je ne pouvais pas aller les trouver. Georgie n'avait pas l'air bien – vous comprenez, n'est-ce pas ? J'ai pensé que je risquais de lui causer du tort. Alors, j'ai attendu. Je les ai suivis. Alfie a conduit Georgie à King's Cross. Je ne les ai pas lâchés des yeux. Et quand il s'est échappé, je lui ai couru après. Je l'ai rattrapé. Je l'ai emmené boire quelque chose, Elsie, et nous avons bavardé, comme au bon vieux temps. Puis je l'ai conduit chez moi, dit-il avec un soupir. Il va s'en sortir si nous l'aidons tous.

Le silence retomba. Le visage de mamie Summerfield s'adoucit.

– Tu lui as couru après, dit-elle à mi voix.

– Bien sûr. Après tout ce que vous avez fait pour moi. Et puis, c'est mon plus vieil ami. Évidemment que je lui ai couru après.

Mamie Summerfield détourna les yeux. Elle hésita quelques secondes, et leva la main pour la poser sur le visage de Joe, à l'endroit où la brûlure avait laissé une bande de peau tendre à la racine des cheveux.

– Joe, lâcha-t-elle.

Rien de plus.

– Je regrette, intervint le Dr Ridgewell en s'avançant, mais il faut que je voie votre fils.

– Bien sûr, dit Joe Patience en s'écartant, et mamie Summerfield en profita pour glisser son bras sous le sien. Il n'est pas loin. Venez tous.

Joe, le Dr Ridgewell, mamie Summerfield, Alfie et le vieux Bill Hemperton se hâtèrent vers le numéro seize, où ils entrèrent sans plus tarder. Margie et Georgie étaient assis sur le sofa, enlacés, la tête de l'un posée sur l'épaule de l'autre.

– Georgie ! s'écria mamie Summerfield en se précipitant vers le couple.

– Aidez-moi, murmura Georgie en regardant tour à tour sa mère et sa femme. Aidez-moi. Je vous en supplie. Aidez-moi. Ma tête…

– Tout va bien, Georgie ? demanda le vieux Bill Hemperton en se penchant.

– Monsieur Summerfield, c'est moi, le docteur Ridgewell.

– Papa !

Alfie força le passage et se blottit contre son père, lui entourant la taille de ses bras, repoussant les autres. Quand, tout à coup, une rumeur enfla dans la rue. Tous, excepté Alfie et Georgie, tournèrent la tête vers la fenêtre.

– Que se passe-t-il donc ? s'étonna le vieux Bill Hemperton en voyant s'ouvrir toutes les portes des maisons sur le trottoir d'en face et les gens sortir en criant et en s'étreignant avec joie. Mais enfin ?

– Restez ici, dit Margie en ouvrant la porte d'entrée, juste au moment où Helena Morris, du numéro dix-huit, et Mme Tamorin, du numéro vingt, passaient en coup de vent devant la maison.

– Que se passe-t-il ? cria Margie. Pourquoi toute cette agitation ?

– C'est fini ! dit Mme Tamorin. Vous n'êtes pas au courant ? La guerre est finie. Nous avons gagné.

Sur le sofa, Georgie ferma les yeux très fort, et des larmes coulèrent sur ses joues ; il prit son fils dans ses bras, le serrant à l'étouffer contre son cœur.

La guerre était enfin terminée. Et il restait encore six semaines avant Noël.

14

Ramenez-moi sur ma bonne vieille île

Au numéro six de Damley Road, Kalena jeta un coup d'œil dans le salon, où son père était assis dans un fauteuil, un journal ouvert à ses pieds. À sa gauche était posée une boîte en acajou d'un beau brun foncé, deux fois plus longue que large, avec un fermoir doré qui retenait le couvercle à la base. Sur le côté de la boîte était gravé le mot « Holzknecht », surmonté d'un emblème qui figurait un aigle féroce, aux yeux perçants, s'élançant au-dessus d'une montagne.

M. Janáček cirait ses chaussures.

– Tu as le cadeau ? lui demanda-t-elle.

Son père fit oui de la tête et lui indiqua *Les Grandes Espérances*, de Charles Dickens, sur la table. Nous étions au mois de juillet 1922, presque quatre ans après la fin de la guerre, et Alfie fêtait son treizième anniversaire.

– Il est temps d'y aller, dit M. Janáček en enfilant ses souliers.

Il se leva et tendit la main vers sa canne – celle qu'il avait achetée à son retour de l'île de Man, pour l'aider à marcher du numéro six au magasin de bonbons puis à rentrer chez lui. Avant son départ pour le camp, il marchait on ne peut plus normalement. Le handicap à sa jambe était survenu là-bas.

– *Leur annonzons-nous la noubelle aujourd'hui ou bien nous patientons ?* demanda-t-il.

– Non, pas aujourd'hui, répondit Kalena. Attendons que la fête d'anniversaire d'Alfie soit passée. Nous leur dirons demain.

– Entendu. Mais je devrais peut-être retirer le panneau, dit-il en refermant la porte de la maison.

Il regarda en direction du magasin de bonbons, sur lequel un panneau « À vendre » était accroché depuis ce jour de 1919 où sa fille et lui avaient été réexpédiés à Londres comme un vulgaire paquet. Les voisins ne prenaient pas le panneau au sérieux, pensant que les Janáček ne partiraient jamais. Mais le père et la fille avaient conclu un accord. À leur libération, ils quitteraient l'Angleterre pour toujours et n'y reviendraient jamais. Le magasin ne s'était vendu qu'au bout de ces trois ans.

– Quand partons-nous ? demanda Kalena.

– Il faut compter encore une ou deux semaines pour obtenir les papiers nécessaires. Si tout se passe bien, nous serons de retour à Prague à la fin du mois. En ce qui me concerne, ce ne sera pas trop tôt.

– Londres ne va pas te manquer ? demanda-t-elle en lui prenant le bras.

M. Janáček fit signe que non.

– Pourquoi me manquerait-elle ? Ce n'est pas chez moi. Cela ne l'a jamais été. Je l'ai cru, mais c'était faux. Il me tarde de quitter l'Angleterre et ne plus jamais la revoir. Tu ressens la même chose, n'est-ce pas ?

Kalena hésita. Elle voulait partir, bien sûr. Elle était née dans ce pays qui l'avait traitée comme une étrangère, elle ne lui pardonnerait jamais. Pourtant, elle se rappelait avoir été heureuse avant la guerre. Elle avait alors beaucoup d'amis et le meilleur était Alfie.

– C'est à peine croyable de penser qu'il y a huit ans aujourd'hui, nous étions dans cette même maison en train de déplorer la déclaration de guerre ! s'exclama M. Janáček en frappant à la porte des Summerfield. Et pourtant, j'ai l'impression que c'était il y a une éternité, pas toi ? Plus rien n'est pareil à présent. Tout me semble illusoire. Je n'ai rien fait de mal et on m'a détruit. Nous retournons à Prague, toi et moi. Nous y serons en sécurité.

Au numéro onze, mamie Summerfield s'affairait dans sa cuisine. Elle posa le doigt sur la génoise qu'elle avait confectionnée le matin même. Le gâteau était froid. Elle ouvrit le réfrigérateur et sortit le glaçage préparé à l'avance. Farine, sucre, lait, crème, elle continuait de trouver étrange de pouvoir obtenir ces ingrédients aussi facilement, eux qui étaient restés introuvables pendant si longtemps. Bien sûr, ce n'était pas aussi simple. Il fallait connaître les bons endroits et se mettre les petits commerçants dans la poche pour se les procurer. Cela dit, les temps étaient devenus à peu près heureux. Les choses revenaient à la normale et tout le monde s'accordait à dire que ça avait été la der des ders, qu'il n'y aurait plus de guerre.

Mamie Summerfield avait toujours adoré faire des gâteaux. Ne pas pouvoir confectionner ses spécialités, pour les partager avec sa famille ou ses amis, l'avait fait souffrir au plus haut point pendant la guerre. Elle se remémora son apprentissage de la cuisine, à l'époque où elle était jeune fille – quelle aventure ! Désormais, elle se tenait plus que jamais derrière ses fourneaux, bien qu'elle eût un peu vieilli. Margie n'avait pas beaucoup de temps disponible, vu tous les changements qui s'étaient produits au numéro douze, mais mamie Summerfield ne s'en formalisait pas, parce qu'elle aimait donner un coup de main.

Après s'être assurée que tout était bien prêt pour la réception, elle s'installa dans son fauteuil pour y faire un petit somme. Au même moment, le vieux Bill Hemperton mit en marche son Gramophone à la fenêtre d'en face. Les premiers accents, mélancoliques, du disque qu'il venait de se procurer envahirent la rue. Naguère, mamie Summerfield se serait précipitée dehors comme une fusée pour tambouriner à sa porte et lui enjoindre d'arrêter ce boucan ; mais plus maintenant. La vie était trop courte. Et puis elle aimait cette chanson.

Margie vérifia l'heure à sa montre et retint un hoquet de surprise. Elle avait espéré finir son travail à l'hôpital avant le déjeuner, de façon à pouvoir terminer les préparatifs de la fête d'anniversaire d'Alfie. Voilà qu'il était déjà treize heures et elle n'était toujours pas partie.

– Summerfield !

Margie se retourna et vit l'infirmière en chef venir à sa rencontre en balançant les bras d'avant en arrière.

– Oui, chef ?

– Je sais que vous voulez partir tôt aujourd'hui, mais je me demandais si vous pourriez rester encore un peu.

– Impossible. Je le ferais volontiers, mais c'est l'anniversaire de mon fils. J'ai promis de rentrer.

– Bien sûr, bien sûr, dit sa supérieure en plissant le front. Je ne vous poserais pas la question si…

Margie soupira. Cela faisait cinq ans qu'elle travaillait à l'hôpital, et elle avait encore du mal à croire qu'elle n'ait pas abandonné son poste à la fin de la guerre. Elle n'y avait jamais songé, en fait. Elle trouvait son rôle intéressant et aimait se rendre utile. Et puis les choses étaient différentes aujourd'hui. Ce n'était plus comme autrefois, quand on considérait d'un mauvais œil les femmes qui exerçaient une profession. Les mœurs commençaient à évoluer dans le bon sens.

– Que se passe-t-il ? demanda-t-elle.

– On nous a amené un jeune homme, expliqua la surveillante. Il a été pris d'un coup de folie hier soir. Il a commis contre lui-même un acte stupide mais il survivra. Je pensais que vous pourriez rester auprès de lui un petit moment.

– Quel âge a-t-il ?

– Environ vingt-sept ans.

Margie hocha la tête. Elle savait ce que cela signifiait.

– Où est-il ?

– Il est dans la salle Sainte-Agatha, lit numéro trois. J'ai parlé à son père, il sera là dans une demi-heure. Quand il sera arrivé, vous pourrez partir. Cela ne vous dérange pas, n'est-ce pas ?

Margie sourit.

– Non, ça ne me dérange pas.

Margie se rendit à la salle Sainte-Agatha. Trouver le lit que l'infirmière en chef lui avait indiqué fut aisé. Le jeune homme était allongé sur le côté et pleurait toutes les larmes de son corps. En voyant venir Margie, il dissimula ses bras sous la couverture, mais elle eut le temps de remarquer les bandages autour de ses poignets. Elle prit une chaise, vérifia son nom au-dessus du lit, Cecil Cratchley, lui sourit et posa la main sur son épaule.

– Bonjour, Cecil.

Le jeune homme cligna des yeux plusieurs fois, mais ne dit mot.

– Je m'appelle Margie Summerfield, poursuivit-elle. Je vais rester un petit peu avec toi, si cela ne t'ennuie pas. Ton père va arriver d'une minute à l'autre. Nous allons bien nous occuper de toi ici, à l'hôpital, et tes parents aussi. Ensemble, nous allons arranger les choses. En un rien de temps, tu seras à nouveau sur pied. Tu m'entends, Cecil ? Tu te porteras comme un charme, et plus tard, quand tu repenseras à cette période, tu te demanderas ce qui avait bien pu te perturber à ce point. Tout va s'arranger, Cecil.

Margie devait être persuasive, car le jeune homme leva la tête et esquissa un sourire en la regardant. Margie lui rendit son sourire. Elle faisait cela très bien. À dire vrai, elle avait trouvé, à l'hôpital, une activité professionnelle pour laquelle elle était douée.

M. Asquith trottait gaiement dans Damley Close en agitant la queue de temps à autre pour chasser les mouches. Être attelé à une citerne de lait ne l'avait jamais enchanté, mais la vie, c'était la vie et il fallait bien faire ce qu'il y avait à faire. En outre, il y avait sans doute pire moyen de gagner son pain. Bref, au moins, ce clown de Henry Lyons avait été envoyé ailleurs et son copain, son vrai copain – où était-il donc passé pendant tout ce temps ? – était de retour à la manœuvre.

Les derniers bidons étaient livrés dans Damley Close peu après treize heures et, maintenant que la citerne était vide, Georgie Summerfield rentrait à la laiterie. Il alluma une cigarette en fronçant les sourcils.

– J'envisage d'arrêter de fumer, dit-il. Ce n'est sûrement pas bon pour la santé.

Alfie haussa les épaules, par une habitude qu'il avait prise récemment. Margie prétendait que c'était l'âge. Georgie n'y voyait pas d'inconvénient. Il avait conscience que son fils grandissait. Si hausser les épaules était chez lui le seul signe de sa crise d'adolescence, sa mère et lui s'en sortaient bien.

– Tu te rappelles quand tu me suppliais de t'autoriser à m'accompagner au travail, fiston ? demanda-t-il.

Alfie sourit à ce souvenir heureux.

– Tu n'as jamais voulu.

– Tu étais trop jeune. Je me serais attiré des ennuis ! Le patron se serait mis dans une colère noire et je ne te parle même pas de ta mère. Je n'ai pas osé, Alfie ! Je n'avais pas le cran !

Alfie secoua la tête et se tourna vers son père.

– Du cran, tu en as, dit-il tout bas. Je le sais.

Georgie hocha la tête et ralentit en voyant Joe Patience sortir de la bibliothèque, sur le trottoir de droite. Georgie pressa la poire de l'avertisseur. Joe leva les yeux de surprise et agita la main en voyant le père et le fils assis côte à côte sur le banc de la citerne.

– Les affaires marchent plutôt bien pour lui, tout

compte fait, dit Georgie en faisant un signe amical à Joe. Chaque fois que je passe devant une librairie, son livre est en vitrine. Je n'arrête pas de me dire que je vais l'acheter et le lire, mais je ne suis pas certain de pouvoir assez me concentrer.

– Tu peux emprunter le mien, dit Alfie.

– Tu l'as lu ?

– Oui.

– Il est comment ?

Alfie sourit.

– Cochon, répondit-il.

Georgie éclata de rire.

– Finalement, je ferais bien de le lire, dit-il. Mais pas un mot à ta mère, tu m'entends ? Quelle heure est-il ?

Alfie regarda sa montre.

– Presque une heure et demie.

– Parfait. Je ramène la citerne à la laiterie, je passe M. Asquith au jet et je rentre me changer avant que les invités arrivent, annonça-t-il avant de se mettre à siffloter. Treize ans ! s'exclama-t-il l'instant d'après. Cela ne me rajeunit pas. Je n'en reviens pas que tu sois si grand. Tu attends ta fête avec impatience ?

Alfie ne dit rien et Georgie se tourna vers lui, surpris.

– Non? Je le vois à ton expression.

– Ce n'est pas cela, répondit Alfie. Je n'aime pas vraiment les anniversaires.

– Quoi ? Mais tout le monde aime les anniversaires !

– Pas moi. Cela me rappelle mes cinq ans et puis mes six, mes sept, mes huit et mes neuf ans.

Georgie hocha la tête et guida M. Asquith vers la gauche.

– Les mauvais jours sont derrière nous, fiston, le bonheur nous attend. Les dernières années n'ont-elles pas été heureuses ? J'ai mis du temps à… me rétablir mais je suis en pleine forme maintenant. Je dors, je mange, je travaille.

– Tu as toujours des cauchemars, dit Alfie à mi-voix.

– Moins qu'avant, Alfie, je vais bien. Il n'y a aucune raison de s'en faire. Et regarde-nous, père et fils, ensemble aux commandes de la citerne de lait, par une douce journée d'été, comme tu l'as toujours désiré. N'est-ce pas la belle vie ?

Alfie sourit.

– C'est même une très belle vie.

Ils finirent le trajet en silence. Georgie ne reprit la parole qu'en apercevant la laiterie.

– Je ne crois pas t'avoir remercié, Alfie.

– De quoi ?

– D'avoir réussi ta mission secrète, répondit Georgie en souriant. D'être venu me chercher à l'hôpital, de m'avoir libéré.

– Ce n'était pas très malin de ma part, quand j'y repense.

– Non, mais tout s'est bien terminé. Te voir représentait tout pour moi. Quand je pense aux efforts que tu as déployés pour me ramener à la maison. C'est cela qui nous maintenait en vie dans les tranchées, l'idée qu'un jour nous reviendrions chez nous, que nous reverrions nos femmes et nos enfants. Vous m'avez aidé à survivre, même quand j'étais au plus bas.

Alfie tourna la tête en direction des maisons qui défilaient le long du trottoir de gauche. Il n'aimait pas évoquer les jours anciens. Il était heureux de les avoir relégués derrière lui et que la vie soit revenue à la normale, du moins à un nouveau genre de normalité.

– Je ne savais pas alors ce qui te trottait par la tête – tous les ennuis que tu aurais pu avoir, les risques que tu avais pris, ton travail de titan avec la boîte à cirage de M. Janáček; tous les sacrifices que tu as faits : prendre le train seul alors que tu ne l'avais jamais pris de ta vie, venir me chercher, me ramener à la maison, me sauver. Je n'ai jamais su pourquoi tu avais cru bon de te lancer dans une telle entreprise.

Georgie fit entrer la citerne dans la laiterie et mit M. Asquith à l'arrêt. Il faisait sombre dans le bâtiment. Il se tourna vers son fils, son Alfie, qui était en train de se demander s'il pourrait conduire la citerne avec son père le lendemain.

– Dis-moi, fiston. Pourquoi t'es-tu embarqué dans une telle aventure ?

Alfie regarda son père. Il ouvrit la bouche pour répondre mais les mots lui manquèrent. Sa tête était pleine de souvenirs qui le réveillaient parfois la nuit et provoquaient des cauchemars semblables à ceux de Georgie : l'inquiétude qui l'avait rongé quand son père avait disparu, la puanteur de l'hôpital, le tremblement des malades, leur façon de s'exprimer, l'absurdité de ce qu'ils disaient. Autant de souvenirs qui ne le quitteraient jamais et façonneraient l'homme qu'il deviendrait un jour.

– Pourquoi, fiston ? répéta Georgie.

Alfie se détourna et haussa les épaules pour la centième fois de la journée. Il ne pouvait l'avouer à son père. Pas tout de suite. Peut-être plus tard, quand il serait capable de prononcer les mots. Des mots qu'il connaissait déjà pour les avoir entendus dans la bouche de M. Janáček, il y a fort longtemps.

Pour la meilleure raison du monde, par amour.

Table

John Boyne

L'auteur

John Boyne est né à Dublin en 1971. Il a étudié la littérature anglaise et l'écriture. Il écrit d'abord des nouvelles, dont soixante-dix sont publiées. En 2006 paraît son premier roman pour la jeunesse : *Le Garçon en pyjama rayé*. Ce texte bouleversant, internationalement salué et récompensé par de nombreux prix, s'est vendu dans le monde entier à plus de cinq millions d'exemplaires. Il a brillamment été adapté au cinéma par le réalisateur Mark Herman en 2008, avec une distribution prestigieuse. En 2012, John Boyne a reçu le Hennessy Literary « Hall of Fame » Award, pour son œuvre traduite dans plus de cinquante langues.

Du même auteur chez Gallimard Jeunesse

Le Garçon en pyjama rayé
Noé Nectar et son voyage étrange
Barnabé ou la vie en l'air
Le Garçon au sommet de la montagne

Découvre un autre livre
de **John Boyne**

dans la collection

FOLIO JUNIOR

LE GARÇON EN PYJAMA RAYÉ

n° 1387

Vous ne trouverez pas ici le résumé de ce livre, car il est important de le découvrir sans savoir de quoi il parle. On dira simplement qu'il s'agit de l'histoire du jeune Bruno que sa curiosité va mener à une rencontre de l'autre côté d'une étrange barrière. Une de ces barrières qui séparent les hommes et qui ne devraient pas exister.

Découvrez d'autres destins bouleversés
par **la Grande Guerre**

---

dans la collection

FOLIO JUNIOR

CHEVAL DE GUERRE

Michael Morpurgo

n° 347

Joey, le cheval de ferme, devient cheval de guerre en 1914. Il va alors vivre l'horreur des combats auprès des Britanniques, des Français, ou du côté des Allemands. Pour lui, les soldats, les paysans ou les vétérinaires ne sont pas des ennemis mais des hommes, chez qui il rencontre la bonté comme la méchanceté. Joey partage leurs souffrances et leurs peurs, et sait leur redonner de l'espoir.

LE JOURNAL D'ADÈLE

Paule du Bouchet

n° 876

Jeudi 30 juillet 1914. Adèle commence le journal qu'elle a reçu pour Noël : un ami auquel elle peut raconter sa vie, confier ses espoirs, ses craintes et ses secrets. Les années passent dans le petit village de Crécy, en Bourgogne, rythmées par les travaux des champs, les nouvelles du front... La guerre tue, mutile les soldats, les campagnes. Adèle grandit et rêve de devenir institutrice dans un monde meilleur...

Le papier de cet ouvrage est composé de fibres naturelles,
renouvelables, recyclables et fabriquées à partir de bois
provenant de forêts gérées durablement.

Mise en pages : Maryline Gatepaille

Loi nº 49-956 du 16 juillet 1949
sur les publications destinées à la jeunesse
ISBN 978-2-07-058267-9
Numéro d'édition : 362175
Premier dépôt légal dans la même collection : septiembre 2016
Dépôt légal: septembre 2019

Imprimé en Espagne par Novoprint (Barcelone)